EU, MINHA'ARMA E O ALVO

NATHALIA ALVITOS E **ANDRÉ MORAGAS**

EU, MINHA'ARMA E O ALVO

A HISTÓRIA DE ASSOMBROSO, O MAIOR SNIPER BRASILEIRO

Rocco

Copyright © 2025 *by* André Moragas; Nathalia Alvitos

Prefácio: Major Salóes

Direitos desta edição reservados à
EDITORA ROCCO LTDA.
Rua Evaristo da Veiga, 65 – 11º andar
Passeio Corporate – Torre 1
20031-040 – Rio de Janeiro – RJ
Tel.: (21) 3525-2000 – Fax: (21) 3525-2001
rocco@rocco.com.br|www.rocco.com.br

Printed in Brazil/Impresso no Brasil

Preparação de originais
ANDRÉ GORDIRRO

CIP-BRASIL. CATALOGAÇÃO NA PUBLICAÇÃO
SINDICATO NACIONAL DOS EDITORES DE LIVROS, RJ

M826e

   Moragas, André
      Eu, minha arma e o alvo / André Moragas, Nathalia Alvitos ; prefácio Major Salóes. - 1. ed. - Rio de Janeiro : Rocco, 2025.

     ISBN 978-65-5532-533-1
     ISBN 978-65-5595-341-1 (recurso eletrônico)

     1. Moragas, André. 2. Militares - Brasil - Biografia. 3. Operações militares. I. Alvitos, Nathalia. II. Salóes, Major. III. Título.

25-96416
                     CDD: 355.0092
                     CDU: 929:355

Meri Gleice Rodrigues de Souza - Bibliotecária - CRB-7/6439

À Fernanda, minha mulher, e aos meus filhos, Pedro e Júlia, por serem minha base, meu farol e meu caminho sempre. O amor de vocês é o que me faz levantar todos os dias. À minha parceira neste projeto, Nathalia Alvitos, incansável na busca pela melhor emoção no texto. Ao Assombroso, por confiar sua história a nós e acreditar em todas as vezes que apontávamos um caminho.

— **André Moragas**

Agradeço ao André Moragas, que me convidou para o projeto. Ao Assombroso, por me colocar à prova. Ao meu pai que, quando estava caída, disse que eu me levantaria maior do que sempre fui. À minha mãe, à minha irmã e ao meu irmão, que nunca me soltaram, nem mesmo quando eu estava inalcançável. E à minha filha, que é meu refúgio do mundo e a razão de tudo.

— **Nathalia Alvitos**

PREFÁCIO

Ser um atirador de precisão reconhecido nacionalmente exige um ser humano com um conjunto de características, valores e virtudes peculiares. Sobretudo no Brasil, um país em que os verbos caçar, neutralizar, eliminar e matar não combinam com o perfil afetuoso e empático do brasileiro. Ser eficaz no campo de batalha e agir como um caçador exige qualidades ainda mais extraordinárias.

O Assombroso é um daqueles raros indivíduos que conquistaram um nicho na história das Operações Especiais não só do Exército Brasileiro, mas de todo o Brasil. Sou grato a Deus por ter sido aluno dele, ter trabalhado ao lado dele e hoje tê-lo como grande amigo! Uma amizade construída com pólvora e chumbo, baseada no ideal de pertencer aos Comandos do Exército Brasileiro.

O Assombroso se tornou um modelo especial de coragem dentro das Operações Especiais. Uma coragem peculiar para ficar sozinho... Ficar sozinho com seus pensamentos... Ficar sozinho com seus medos... Ficar sozinho com suas dúvidas. E enfrentar *sozinho* tudo isso. Essa coragem não é a tenacidade superficial estimulada pelo fluxo de adrenalina. Tampouco é a coragem que vem do medo de que os outros pensem que alguém é covarde. É a coragem nascida da honra. Honra de homem de família, de filho, de marido, de pai, de soldado... Enfim, de tudo aquilo que ele é referência.

A honra no campo de batalha é a ética de um caçador. Ele demonstra isso pelos padrões e pela disciplina com que encara o combate. Pela decência, ele mostra aos camaradas a dignidade de enfrentar o inimigo.

O Assombroso nunca odiou aqueles sob sua mira. Ele os respeitou com a frieza e a firmeza de um servo de Deus. No campo de batalha, o ódio destrói qualquer homem — e destrói um caçador mais rápido ainda.

Os principais alicerces do componente emocional do Assombroso eram o conhecimento de que estava fazendo um trabalho necessário e a confiança de que era a melhor pessoa para realizá-lo.

Infelizmente, o emprego do atirador de precisão no campo de batalha ainda é pouco compreendido pela sociedade civil e por parte dos militares. Somente uma parcela das Operações Especiais — que domina desde os rudimentos básicos do tiro de precisão até seu emprego em um contexto irregular e urbano, limitado pela guerra jurídica atual — entende seu papel.

Portanto, de maneira geral, há um desconhecimento do uso do caçador como potencial recurso de combate flexível, versátil e econômico.

O fato é que o caçador, também conhecido como *sniper*, tem uma história que se estende desde as conquistas renascentistas de Leonardo da Vinci que, de pé nas muralhas da Florença sitiada, matou soldados inimigos com um rifle projetado por ele mesmo, e de Benvenuto Cellini que, durante o cerco de Roma em 1527, atirou no comandante inimigo, o Condestável de Bourbon, até a era moderna com as mortes confirmadas de Carlos Hathcock no Vietnã, Chris Kyle no Iraque e Assombroso no Brasil.

Seu emprego está diretamente relacionado à eficácia no ato de eliminar os inimigos, como relatou Dave Grossman no livro *Matar! Um estudo sobre o ato de matar*. Na Guerra do Vietnã, por exemplo, enquanto um soldado de infantaria gastava em média 50 mil cartuchos para, de fato, eliminar um vietcongue, um caçador utilizava 1,39 cartucho por alvo eliminado.

No início de cada conflito neste século, houve uma percepção lenta da necessidade de atiradores de precisão, e no final de cada conflito houve um esforço para prender esse gênio de volta em sua garrafa. Isso se deve não apenas ao pouco entendimento das técnicas necessárias para o uso bem-sucedido do sistema de armas que chamamos de Caçador de Operações

Especiais, mas, principalmente, a um punhado de estômagos fracos que tentam sugerir que o emprego do caçador é moralmente errado e indigno de um papel relevante nas Forças Armadas de um Estado Moderno que busque a paz.

Infelizmente, vi muitos perguntarem ao Assombroso quantas pessoas ele matou... Mas, na verdade, a pergunta a ser feita deveria ser: quantas vidas ele *salvou* com cada ameaça neutralizada?

A capacidade dos atiradores de precisão — sejam eles policiais ou militares — de infligir danos graves e de longo alcance a indivíduos, ou a uma pequena ou grande formação de pessoas, ou equipamento, ou área, é incontestável. Algumas pessoas vão achar que este assunto é um tabu e que nada deve ser escrito a seu respeito. Mas eventos mundiais recentes mostram que aqueles que usariam esse tipo de tática para infligir danos e ferimentos aos inocentes já a estão utilizando, e utilizam há algum tempo. O tiro de precisão não passou despercebido pelos níveis mais baixos da sociedade humana. De fato, as evidências mostram que aqueles que usam *snipers* como meio de aterrorizar os inocentes parecem ter uma compreensão muito melhor de seu emprego do que muitas forças militares e policiais.

É claro que em certas áreas a hierarquia falha em entender completamente os diversos tipos de uso do caçador, em especial o de Operações Especiais. Ou então optam por ignorá-los na esperança de que ninguém jamais use atiradores de precisão contra suas próprias forças.

Podemos ignorar que terroristas e criminosos já sabem sobre o tiro de precisão e torcer para que eles não se especializem no assunto, ou podemos tratar do tema para preencher lacunas em nosso próprio conhecimento. Conhecimento é poder, e entender como uma habilidade ou tática pode ser usada para potencializar sua força ou vir a ser empregada contra você é uma boa oportunidade para neutralizar as ameaças e se defender delas.

O processo de seleção e os atributos de um Caçador de Operações Especiais estão relacionados aos mesmos dos Comandos. Por isso o pré-requisito para ser um Caçador de Operações Especiais é ser Comandos ou possuir curso análogo de Operações Especiais. Algumas especialidades do Exército Brasileiro até chegam a concluir o Estágio de Caçador de Operações

Especiais (ECOE), mas isso não as faz um Caçador de Operações Especiais, apenas um atirador treinado, uma vez que seu emprego de origem não é ligado às Operações Especiais. A doutrina operacional é baseada em Destacamentos compostos por Equipes de Caçadores cuja constituição pode variar. À medida que os comandantes começarem a reaprender o valor desses homens, veremos um uso mais extensivo das capacidades e habilidades do atirador de precisão em todas as situações de emprego real nos atuais pontos críticos do campo de batalha. Somente isso permitirá que os comandantes militares tenham a confiança e a crença necessárias para considerar o emprego do Caçador de Operações Especiais como uma opção viável ao lado de todos os outros recursos.

Nas Operações Especiais, atirar é uma habilidade muito exigente e que vai além do caçador convencional. As opções de emprego variam de uma ação direta antiterrorista, em que Caçadores de Operações Especiais fornecem olhos, ouvidos e cobertura de fogo para os Destacamentos empregados em solo, até o uso em aeronaves de asa rotativa a fim de interromper deslocamento de veículo suspeito, passando por dias em que operam ocultados, seja na selva ou em área urbana, produzindo conhecimento oportuno, detalhado e acionável.

Tenho certeza de que há pouca esperança que parte da velha guarda compreenda isso. No entanto, oro para que os jovens oficiais de hoje leiam este livro com uma mente inquisitiva. Espero que eles olhem para os requisitos do campo de batalha moderno e vejam o grande potencial de um Caçador de Operações Especiais. Pode haver dúvida de que o Assombroso tenha sido eficaz em seu papel de Caçador de Operações Especiais. Só não é amplamente conhecido o fato de ele ter se tornado o ponto focal de um esforço da comunidade de Operações Especiais para legitimar o atirador de precisão.

Tive a oportunidade de ser coordenador do Estágio de Caçador de Operações Especiais, do Centro de Instrução de Operações Especiais do Exército Brasileiro, de 2016 a 2018. Durante esse período, elaboramos uma proposta doutrinária permanente de organização, preparo e emprego do Caçador de Operações Especiais, padronizada pelo segmento de Operações Especiais das Forças Armadas e Forças Auxiliares, uma vez que o ECOE é o único programa de capacitação completa do Caçador de Operações Especiais no Brasil. Houve um grande esforço naquele momento para se difundir a especialidade. Não havia interesse em despertar uma mística no curso em torno de um alto índice de reprovação. Pelo contrário. Pretendíamos atingir um elevado índice de *aprovação*, com qualidade e confiança, no Estágio de Caçador de Operações Especiais. Como resultado, foram realizados seminários nas escolas de formação de oficiais e de sargentos, e praticamente um programa de lobby que se estendia dos campos de futebol às salas de briefing visualizando a necessidade de emprego do Caçador de Operações Especiais. Naquele momento, o Assombroso tornou-se, de fato, o símbolo do que poderia ser.

A história do Assombroso foi contada repetidas vezes, seja no ECOE, seja em outras atividades correlatas ao tiro de precisão. Acrescentou credibilidade aos raciocínios muitas vezes impessoais e sem imaginação de todos aqueles que vislumbravam o emprego do Caçador de Operações Especiais.

O Assombroso não apenas provocou, mas inflamou, a imaginação de muitos que um dia sonharam em ser um atirador de precisão. Seu heroísmo na vida real serviu como uma demonstração do que poderia ser realizado com treinamento, equipamento e liderança adequados.

Graças aos esforços de muitos homens, o ECOE se tornou a mais completa capacitação na arte do atirador no Brasil. Sem a história do Assombroso e sem sua coragem, talvez nada disso tivesse acontecido.

MAJOR SALÓES
Caçador de Operações Especiais nº 28, ex-aluno do Assombroso
e ex-coordenador do Estágio de Caçador de Operações Especiais.

INTRODUÇÃO

Escola e tiros, duas palavras que não deveriam se encontrar. Mas lá estávamos nós, os Comandos do Exército Brasileiro, em frente à escola desativada. Nas paredes, as marcas de bala de quem pouco se importava com o significado da violência. Este foi o local escolhido pela quadrilha de assassinos como base para matar todos os soldados da ONU que tentassem avançar na Missão de Paz no Haiti, a Minustah. Na tarde do dia 21 de dezembro de 2006, uma guarnição do Uruguai havia sido emboscada. Por um milagre, os soldados conseguiram sair do blindado e recuar. O preço foi abandonar o tanque, as armas e as munições. Os vagabundos tinham vencido aquela batalha. Mas é claro que não íamos deixar assim.

Era noite, e um breu que só existe no Haiti acompanhou a nossa chegada. O barulho dos tanques acionou as armas inimigas. Começamos a tomar tiro. Bodão, o subcomandante do Destacamento de Operações de Paz, colocou Mickey na torre como atirador da metralhadora MAG, e ele disparava sem medo. Mesmo assim, os caras não paravam. A gente não conseguia colocar a cara pra fora. Bragaia, o nosso Operações, já tinha dado dois tiros de Barret .50 na direção dos bandidos, mas eles não diminuíam o volume de fogo. Até que Mickey mandou uma rajada mais longa, e os desgraçados maneiraram.

Era só o que eu precisava. Já estava com o lança-rojão AT4 pronto, destravado e com o aparelho de pontaria levantado. Botei a arma pra fora, olhei o alvo e vi que estava a cerca de 40 metros. Todo mundo se protegeu e eu gritei:

— Alvorada, bando de vagabundo!

O tiro foi perfeito. O barulho foi tão alto que, por alguns momentos, não se ouviu nenhum disparo. Entramos na escola e vimos o buraco que a granada fez na parede. No chão, havia um morto e rastros de sangue que iam em direção ao muro dos fundos. Não tivemos tempo pra olhar. Cada um foi tomando sua posição. Quando vi o lugar que havia sido escolhido pra eu ocupar, decidi mudar o plano.

— Bodão, ali eu não fico!

— Porra, Assombroso! Então escolhe um lugar e não enche o saco!

Sr. Wilson, o Operações Psicológicas, ouviu a conversa:

— Assombroso, vem aqui!

Quando olhei, meu Deus, tinha muito bandido vindo! E o meu ângulo era perfeito para ver o lugar de onde surgiam. Tomei minha posição no alto de uma escada. Atrás de mim, não havia nada. Como minhas costas ficaram descobertas, pedi ao meu *spotter*:

— Pandeiro, só cuida da retaguarda. Nem olha pra cá! O que se mexer, pulveriza. Deixa isso aqui comigo.

Comecei a devolver os tiros. Derrubei um, veio outro. Derrubei o segundo, veio outro. Derrubei o terceiro, e a coisa não mudava. Mal tombava um, outros já vinham disparando e tentando resgatar o comparsa e as armas dele. Eu atirava e eles se embolavam, tropeçavam, davam tiros a esmo. Mesmo baleados mortalmente, alguns disparavam, pareciam demônios. Vários tiros passaram próximos à minha cabeça. Mas a concentração estava focada em identificar as ameaças e neutralizá-las. A cada um que apagava, eu berrava no rádio:

— Miolos!

Aquilo gerava uma vibração contínua na tropa. Eu estava obstinado em não errar um tiro, quando o Sr. Wilson me deu um toque no ombro:

— Caralho, Assombra, não vai parar não?

Fiquei sem reação.

— Você já pegou outra caixa de Lapua! — completou o Sr. Wilson.

Eu tinha usado uma caixa de 20 cartuchos, além de toda a munição do carregador do M24 e mais as que eu levava presas ao apoio de bochecha da coronha. Nessa hora, com a situação verbalizada, a consciência falou alto:

matar assim, tantos homens em sequência, não é normal. É muito poder. Sabia que estava fazendo a coisa certa, mas bateu uma responsabilidade pelas vidas que eu ceifava. Não era ninguém mais: só eu contra dezenas de criminosos. Não tinha tempo pra pensar.

Encurralados, os bandidos passaram a obrigar crianças a irem pegar as armas dos mortos na linha de tiro. Não acreditei naquilo. Elas iam apavoradas, seguiam as ordens, chorando. Nós tínhamos autorização para matar qualquer um, inclusive crianças que pegassem numa arma.

— Puta que pariu, Pandeiro! Os filhos da puta estão usando as crianças!

— E aí, Assombra??? — perguntou, aflito, Pandeiro, com as munições nas mãos e os olhos arregalados.

A decisão era minha. Seria cobrado por cada disparo ou ausência dele. Mas uma coisa era certa: não havia possibilidade de eu abater uma criança.

CAPÍTULO 1

Eu queria uma missão. Meu pai sabia disso e me deu uma. Tinha menos de 8 anos, não recordo a idade, mas lembro o alvo: um rato. Minha mãe cuidava da casa. Era inteligente, dominava a parte financeira, administrava a vida dos nove filhos e a do meu pai. Cortava o cabelo de todos, fazia as roupas, orientava a educação e ainda cozinhava, mas não conseguia vencer um rato. Era assombrada por ele. Enchia o peito de raiva quando o bicho passava pela casa construída pelas mãos devotas do marido e pai dos seus filhos.

O maldito roedor entrava na comida que meu pai tinha trabalhado pra comprar, roía os ornamentos com os quais minha mãe enfeitava a casa. Era inaceitável. Então, surgiu um plano. Compramos ratoeiras e escolhemos a isca pra atrair o inimigo. Esperamos. Eu queria correr pela casa com um cabo de vassoura na mão, mas não pude. Meu pai disse que os ratos eram espertos, mas tinham um ponto fraco: eles sempre faziam a mesma trilha. Por isso, tínhamos que esperar. Seguindo a orientação paterna, acabamos vencendo os bichos de forma mais racional.

Meu pai era um caçador. Saía com os amigos pra mata com frequência. Nenhum filho podia acompanhá-lo; ordens da minha mãe. A arma era uma espingarda calibre 36 que ninguém podia tocar. Ele passava dias no mato, contava as histórias de tocaia, quando permanecia imóvel pra não ser notado pelos animais. Com os companheiros de caça, desenvolveu métodos pra encontrar os locais onde os bichos comiam ou bebiam água, identificar tipos de pegadas e até fazer determinados barulhos pra atrair a caça e dar o bote. Quando não conseguia animais de sangue quente, havia as rãs. Na nossa mesa, nunca faltou alimento.

A vida do meu pai era cumprir missões. Tinha uma força descomunal e sabia encarar qualquer coisa. Com a minha mãe cuidando da casa e dos filhos, conseguia se manter focado nas necessidades de quem dependia dele. Somando o porte físico impressionante ao esforço contínuo, alcançava qualquer objetivo que traçava. Não foi à toa que ele deu um jeito de trabalhar num lugar onde também podia viver com a família. A gente morava na Rua Pompeu Loureiro, número 45, onde hoje é o prédio do Senac, em Copacabana. Ele era zelador. Não tinha uma formação definida. Aprendeu marcenaria e fazia tudo o que precisasse. Quando o dia de trabalho como zelador se encerrava, era a hora de pegar o material e ir pra rua trabalhar como sapateiro.

* * *

Meus pais queriam uma casa própria e decidiram que eu seria o último filho a nascer na Zona Sul do Rio. Nasci pelas mãos da minha avó, dentro de casa. Esse dia ficou marcado pra toda a família. Meus irmãos até inventaram a história de que minha mãe, nos intervalos das dores do parto, falava:

— Ai, vou ter um troço!

E eu seria o troço. Eles repetem essa piada até hoje nas reuniões de família pra me sacanear.

Enquanto minha mãe cuidava dos meus dois irmãos mais velhos e de mim, meu pai dedicava todos os sábados e domingos ao terreno que tinha comprado no quilômetro 32 da Estrada Rio-São Paulo. Com a mochila de ferramentas nas costas e a vontade inesgotável de melhorar de vida, ele seguiu a mesma rotina por dois anos pra construir a nossa casa. Ia de bicicleta, quando o sol nem tinha nascido, de Copacabana até esse endereço. Pedalava cerca de 140 quilômetros, somando ida e volta. Nada o faria parar até conquistar o objetivo. O fato de não ter água, eletricidade ou amigos num pedaço de terra ainda deserto não o espantava. Tenho a impressão de que, quando olhava para aquele nada, sua cabeça funcionava até melhor. Dali, pôde criar o sonho. Ele cavou um poço e escolheu cada tijolo que abrigaria a nossa família.

Em 1966, nos mudamos finalmente pra casa construída totalmente pelas mãos do meu pai. Ele e minha mãe fizeram de tudo pra adaptar a família ao novo lugar; voltar a morar em Copacabana na década de 1960 não era uma opção pra eles. A mudança, porém, demorou. Só quando completei 2 anos é que fomos pro quilômetro 32. A expectativa era de nunca mais nos mudarmos, mas foi inevitável. O dia a dia ficou muito duro por conta da falta de estrutura, pois não tínhamos sequer energia. Por isso, meus pais alugaram uma casa no Parque Estoril, no bairro de Paciência, Zona Oeste do Rio.

Foi na nova casa, aos 4 anos, que vivi meu primeiro trauma. O cachorro da vizinha me atacou, mordeu minha perna, enquanto minha mãe berrava e tentava tirar os dentes dele da minha pele. Demorou, mas ela conseguiu. Até hoje não me sinto à vontade ao lado de um cachorro. Prefiro as onças e os tubarões. O episódio foi tão grave que minhas lembranças dos anos seguintes são escassas, como se a vida tivesse um intervalo marcado nesse período.

As memórias só voltaram a ganhar cores duradouras quando retornamos ao quilômetro 32, em 1969. Meu pai puxou eletricidade da casa do Zé Sargento, um amigo que ele fez durante a construção da casa, e tudo ficou mais interessante. Fomos os primeiros a ter televisão. Todos os vizinhos iam pra nossa casa assistir à novela *Irmãos Coragem*. Ficava gente até do lado de fora, vendo pela janela. Parecia que todo mundo era parente. À noite, eu e meu pai assistíamos à série *Combate*. Não perdíamos um capítulo.

Além da TV, outra coisa fantástica aconteceu naquela casa: pela primeira vez eu vi soldados treinando, passando em marcha de combate pelas ruas da vizinhança. Era uma fila interminável de homens fardados, com coturno, mochila e armamento, entoando canções militares. Todas as crianças correram pra ver. Eu fiquei fascinado! Eles brincaram conosco, jogaram comida pra gente, riram... Testemunhar a cumplicidade daqueles soldados mexeu comigo. A cena se repetiu algumas vezes e ficou registrada nitidamente na minha memória.

* * *

Foi uma fase agitada, eu aprontava muito. Meus pais gostavam de fazer trilha na Serra do Marapicu. Era um caminho com curvas pra facilitar a subida íngreme. Cheio de energia, acabei correndo na frente. Abri uma distância bem grande e resolvi cortar caminho. Comecei a correr em linha reta, ignorando as curvas. Tropecei, caí e saí rolando. Meu pai ainda tentou me pegar, mas não conseguiu. Só parei de rolar ladeira abaixo quando o morro acabou. Fiquei machucado dos pés à cabeça. Estava tão difícil pôr curativo que minha prima precisou fazer uma banheira de salmoura. Ainda me lembro da dor.

Aos 8 anos, tive uma fratura exposta no braço esquerdo. Estava colhendo amêndoas vermelhas em cima da árvore do vizinho e caí. Ele viu a queda e me levou ao hospital. Só que fizeram errado a tala. No dia seguinte, eu tive febre, e meus pais me levaram de volta à emergência, mas ninguém queria me atender. Os funcionários diziam que o caso estava resolvido e se negavam a fazer uma nova avaliação. Meu pai reagiu: durante três dias seguidos, foi ao hospital exigindo que me atendessem. Só parou de entrar em tudo quanto era sala quando finalmente cederam e me levaram a um consultório.

Abriram a tala. A expressão do médico ficou tão pesada quanto a notícia: meu braço estava desenvolvendo gangrena. Levei uma injeção muito dolorida, receitaram vários remédios e recolocaram a tala e o gesso. O médico foi bem claro com meu pai: se não melhorasse, diante do estado avançado da infecção, seria necessário amputar. Pela primeira e última vez, vi meu pai com medo. Senti uma dor dilacerante quando o médico recolocou meu braço no lugar, mas a verdade é que eu também estava achando tudo muito interessante, divertido até.

Não era um gesso que ia me parar. No dia seguinte, já sem febre, pensei em lançar um desafio a mim mesmo. Nunca tinha descascado uma laranja na vida, então decidi fazer isso com a mão que estava metade coberta pelo gesso. Assim como meu pai, tracei meu plano e o cumpri. Chupei a laranja com gosto de felicidade. Provei a mim mesmo que não perderia o braço. Fiz tudo escondido, lógico, porque, se me vissem forçando o machucado, eu ia apanhar.

As aventuras no quilômetro 32 acabaram quando meus pais compraram a casa de uns parentes em Realengo. Foi lá que, enquanto brincava de jogar pedras com um dos meus irmãos, acertei sem querer a cabeça dele. Vi que machucou. Fiquei muito assustado, tinha só 10 anos. Achei que todos iam brigar comigo e resolvi fugir. Corri em direção a um morro. Lembrei que meus pais sempre diziam que Jacarepaguá era logo ali atrás e que minha prima morava na Freguesia. Só tinha ido à casa dela duas vezes, mas corri em direção ao morro pra salvar minha pele. O problema é que eram dois maciços, e eu não fazia ideia. Foi minha primeira ação de "fuga e evasão": 17 quilômetros ao todo.

Durante a fuga, cortei a canela em uma linha de cerol. Ficou feio, mas não podia parar. Lavei num córrego e segui. No meio do caminho, um homem me ofereceu ajuda. Disse que trabalhava em um clube e me levou até lá pra cuidar do machucado. Uma mulher me recebeu numa sala e fez o curativo. Esperava, então, que fosse liberado. Porém, ela me levou de volta ao homem que me abordou e sumiu. Ele foi caminhando comigo enquanto conversava. Achei que estivéssemos andando em direção à saída ou a alguma sala que tivesse um telefone pra ligarmos pra minha família. Minhas expectativas estavam erradas. Começamos a entrar numa parte mais deserta. Desacelerei meu passo, e a estratégia deu certo. O homem continuou andando pra escuridão. Não tive escolha. Saí correndo e fugi daquele cenário que se anunciava um horror.

Desde pequeno, percebia que era diferente. Conseguia sentir o perigo antes que surgisse; um sexto sentido que nem meus irmãos, nem meus amigos tinham. Quando me dei conta, já estava na porta da casa da minha prima. Mesmo sem saber que seriam tantos quilômetros, eu alcancei o objetivo. Deixei a Rua Aritiba, em Realengo, e cheguei à Estrada dos Três Rios, em Jacarepaguá. Minha prima ficou apavorada, cuidou de mim e, com o marido dela, me convenceu de que precisava voltar pra casa. Impus só uma condição: meu pai e minha mãe não poderiam me bater. Eles prometeram e me levaram de carro de volta.

Quando estacionaram em frente à minha casa, deu para sentir o clima de desespero e dor. A família tinha acionado todos os conhecidos do bairro, e minha mãe chorava sem parar. Lembro que fiquei no carro enquanto minha prima e o marido conversavam com meus pais. Quando eles acenaram, abri a porta e meu pai veio correndo me abraçar com os braços firmes como sempre conheci, porém trêmulos como jamais tinha visto. Minha mãe, acostumada a ser severa, só beijava minha cabeça. Ficaram um tempo sem conseguir formar uma frase, e eu só sentia afagos e lágrimas aliviadas.

A calma veio devagar e me perguntaram o motivo da fuga. Naquele momento, não cabiam disfarces ou mentiras. Confessei que fugi por medo de brigarem comigo por ter machucado meu irmão, mesmo sem querer. Os dois, pela primeira vez após uma confusão, grudaram em mim e passaram o resto do dia sem dizer uma palavra de repreensão.

* * *

No novo bairro, meu pai decidiu arrumar mais um trabalho. Comprou um furgão pra fazer fretes e apelidou o carro de camburão, porque era azul e branco como as viaturas da polícia. Eu adorava andar naquele carro. Um dia, entrei escondido pra brincar e encontrei a caixa com a carabina de ar comprimido que meu pai usava pra caçar rãs e outros bichos menores. Não podia mexer, então não mexi.

Só que meu pai resolveu dar a carabina de presente de aniversário pro meu irmão mais velho. Logo pra ele, que era contra caça! Lembro-me de meu irmão dizer que, se tínhamos comida, nada justificava matar animais. Ele era diferente de mim e muito especial. Meu irmão acreditava na paz acima de tudo e afirmava que cabia a Deus definir as vidas e as mortes. Se fosse agredido na rua, como eu já fui, só reagiria pra se defender, sem considerar incorrigível quem gosta de provocar. Honestamente, eu não alcançava essa compreensão que ele tinha da vida. Só sabia que meu irmão era um gigante, uma pessoa capaz de distribuir amor onde não há quem mereça. Religioso como ele era, se usasse a carabina, seria pra brincar de tiro ao alvo. Por isso, não consegui dormir naquela noite. Uma arma não pode ser limitada, é uma heresia com a sua natureza. Se tudo isso acontecesse, a arma estava fadada à morte. Isso eu não podia permitir.

Pensando em como interferir no destino da carabina, passei a pegá-la escondido pra atirar. Não demorou muito tempo e meu pai percebeu. Esperei que me proibisse, mas isso não aconteceu. Ele não falou nada. Acho que entendeu os motivos e percebeu a importância da arma pra mim.

Com esse apoio velado, a responsabilidade era maior, eu tinha que ser bom. Precisava treinar. Como o chumbinho era caro, comecei a trabalhar. Depois da escola, subia nas mangueiras do quintal e pegava as mangas perfeitas dos galhos. Montava uma banquinha na frente do portão de casa e vendia; acabava tudo. Não parei por aí. Quando via algum quintal com mato alto, me oferecia pra capinar; e assim os vizinhos viravam clientes. Com o dinheiro, eu adquiri um elástico reforçado pra estilingue e comprava chumbinho e, às vezes, bombinhas. Eu me divertia causando explosões.

Meu pai observava tudo de longe. Via que eu chegava da escola, lavava o banheiro de casa, varria o quintal e ainda ia trabalhar. Por isso, decidiu me ensinar a usar a carabina. No início, foi difícil pra ele. Eu mirei num passarinho e acabei acertando a casa da vizinha. Ele teve que ir até lá se explicar, pedir desculpas e ainda reparar o dano, mas não desistiu de mim. Ele nunca desistia. Continuou me dando aulas, só que num terreno mais afastado, vazio. Fui melhorando e percebi que tinha jeito pra coisa, porque meu pai me elogiava nos treinos. Embora ainda não pudesse caçar, comecei a me sentir parte das histórias do meu pai, em que ele e os amigos dormiam em cabanas improvisadas. Ele me contava as histórias e me ensinava as técnicas.

Um dia, percebi que, próximo à raiz de um pé de jamelão, havia um acúmulo de fezes de passarinhos. Investiguei e localizei o galho alto onde eles dormiam. Fui pra casa e não contei nada sobre a descoberta. Escolhi o dia perfeito pra fazer a tocaia. As instruções do meu pai passavam o tempo todo pela minha cabeça, inclusive um princípio que ele levava muito a sério: não atirar nunca em ninhos, na fêmea ou nos filhotes. Subi na árvore e fiquei imóvel até me sentir invisível, como meu pai ensinou. Camuflei minha arma com galhos e folhas. Ventava muito, mas eu não me mexia. Demorou. Não importava, eu terminaria a missão. Aquele braço, quase amputado no passado, estava firme agora, mantendo a arma em posição. Quando o passarinho macho estava voltando pro galho, tomou! Eu era bom e agora tinha provas.

Com 15 anos, treinava com as andorinhas que riscavam o céu. Era mais difícil porque estavam longe e em movimento. Com o incentivo do meu pai, descobri que, quando fazia a mira antes do alvo em movimento, o tiro tinha mais chance de sucesso. Uma vez, no campo de futebol com amigos, estava contando minhas histórias de caça e fui provocado a mostrar meu talento. Fiz uma coisa incrível que, se eu tentasse repetir, nunca mais conseguiria: simplesmente peguei a arma, mirei e acertei uma rolinha em pleno voo, quase sem esforço. Foi coisa de adolescente metido mesmo. Mas eu acertei! Virei lenda pros meus amigos. Adorei. Nunca mais tentei repetir o feito pra não correr o risco de perder a fama de bom atirador.

Nas férias, sempre viajávamos pra região de Italva e Itaperuna, lugares que se transformaram em uma escola pra mim. Na casa dos meus tios que criavam galinhas, tínhamos que ficar atentos porque elas ficavam soltas e eram alvos fáceis para os gaviões. Meu tio estava acostumado a abater os predadores pra manter as galinhas e os pintinhos vivos e me mostrava como fazia. E, na casa do outro tio, o aprendizado também continuava. Ele me mostrou como disparar contra bandos de patos. Explicou que temos sempre que começar pelo último da formação, pois, assim, os da frente não reagem fugindo. Então a regra é atirar sempre do último pro primeiro. Quando eu ficava sozinho perto do lago, me desafiava a rastejar o máximo possível sem chamar a atenção do pato sentinela, que ficava observando as ameaças. A cada investida, conseguia me aproximar mais do bando sem ser percebido. Lições valiosas que eu levaria pro resto da vida.

Eu estava crescendo. Aquele moleque que ia todo dia buscar água no pé da Serra do Marapicu tinha ficado pra trás. As letras que descobria nos papéis jogados no chão durante o caminho fizeram parte da minha alfabetização, construída de maneira rústica. Frases, símbolos e lembranças. Estava sendo edificado por uma mãe linha-dura que não me deixava ir pra rua com medo que eu me misturasse com traficantes. Como nunca levantei a voz pros meus pais, uma vez soquei o armário pra extravasar a raiva.

Eu não saía pra lugar nenhum, além de escola, trabalho e casa. O tiro, os livros e o futebol eram meus únicos momentos de lazer. Estudava como meus pais mandavam e, como sempre fui habituado à leitura, sobrava tempo para planejar algumas missões. Um dos meus irmãos tem paralisia cerebral e estudava na mesma escola que eu. Ele sofria muito bullying e não tinha como se defender. Um prato cheio pra mim. Eu marcava todos que o sacaneavam e ia atrás. Não passava um.

Certa vez, ele apanhou muito de um grupo de bate-bolas. Não dava pra deixar barato. Planejamos uma emboscada juntos. Preparamos a munição com cuidado. Moldamos bolas de barro, as assamos na lenha pra ficarem duras e planejamos o papel de cada um de nós. Ele, com um espinho de laranjeira na mão, estourava as bolas nas mãos dos bate-bolas enquanto eu, de cima da mangueira mais alta, atirava a munição de barro com meu estilingue reforçado. Foi lindo, tudo na cabeça! Eles não sabiam de onde estavam vindo os "tiros" e saíram correndo desesperados.

* * *

Eu fui amadurecendo sem notar. Meus pais estavam percebendo tudo e, cada vez mais, eu ganhava a confiança e o respeito dos dois. Prova disso é que meu pai começou a me contar suas histórias da época de quartel. Ele era muito forte e tinha um preparo físico diferente, difícil de encontrar igual. Com esses atributos, foi natural que tivesse procurado o Exército; meu pai se alistou e foi fazer as provas físicas pra Brigada Paraquedista.

Ainda no período de preparação para ingressar na área de estágios, onde os paraquedistas se formam, era necessário cumprir uma corrida. Antes de iniciarem, um sargento disse que nenhum dos alunos conseguiria. É normal esse tipo de provocação, mas meu pai, inocente, achou que o homem estava falando sério e pensou que, se mostrasse que conseguia, seria parabenizado.

Na reta final da corrida, meu pai arrancou de uma forma que chamou atenção. Ele ultrapassou o sargento e começou a correr de costas, encarando o homem com o sorriso de quem estava quebrando o recorde mundial dos 100 metros rasos. O sargento odiou o deboche e avisou ao meu pai que ele não se formaria paraquedista. Na área de estágios, por exemplo, se havia um exercício de barra fixa, o sargento contava: um, um, um... Não prosseguia a contagem. Mas meu pai resistiu.

Até que o sargento cumpriu a promessa. Na prova de balanço, que simula a chegada do paraquedista ao solo, ele reprovou meu pai sem se importar com a perfeição das execuções. Por orgulho e vontade de humilhá-lo, o homem arrancou o sonho do meu pai. Arrasado, ele voltou pra casa e esse se tornou um assunto a ser evitado. Até hoje. Eu tinha 15 anos e ouvi, com os olhos marejados, cada detalhe da trajetória. De alguma forma, ele já sabia que eu continuaria a nossa história.

Um dia, recortei uma foto da revista *Manchete* que mostrava a tropa da Brigada Paraquedista toda alinhada com armamento e uniforme impecáveis num desfile militar na Avenida Presidente Vargas, no Centro do Rio. Guardei-a na carteira por alguns anos pra nunca esquecer meu objetivo. Enquanto a hora não chegava, eu aprontava todas, como qualquer adolescente.

Certa vez, cheguei atrasado a uma prova na escola e tive que pular o muro e entrar escondido. Só que a etapa mais complicada foi subir até a sala sem ser flagrado pelo inspetor. Eis que tive a ideia horrorosa de subir no mastro da bandeira que ficava em frente à janela da minha sala. Subi com facilidade e, quando alcancei o topo, olhei pra ver se a prova já estava sendo aplicada e dei de cara com a professora. Entrei em pânico e desci quase largando o mastro. Toquei o chão sem sentir nada, mas notei que havia algo errado. Quando olhei, meu braço estava rasgado. O gancho usado pra prender a bandeira me machucou feio ao longo da descida. Chamaram minha mãe e fomos ao hospital. Levei 13 pontos, além de severas advertências da diretora e dos meus pais.

Outra coisa que eu fazia muito era sair na porrada. Brigava muito no colégio porque não aturava palhaçada, gente sacaneando quem não tinha a menor condição de se defender. Também enganava minha mãe, coitada. Dizia que só conseguia estudar no campo, ao ar livre, e ela acreditava porque eu gostava de ler. Só que eu usava essa desculpa quando queria caçar passarinhos. Saía de casa com a espingarda escondida, deixava o livro debaixo da árvore e ia caçar. Era uma delícia!

Até que nos mudamos novamente, mas não porque queríamos. Meus tios pediram de volta a casa de Realengo, onde mais três irmãos meus tinham nascido. O fato de meus pais terem pagado um bom valor, como combinado, não fez a menor diferença. Eles também não consideraram a perda das minhas amizades e as dos meus irmãos, conquistas que são prioridade pra qualquer adolescente. Foi uma daquelas confusões de família que deixam a gente incomodado só de falar. A nossa sorte é que papai estava sempre à frente. Ele tinha passado num concurso público pra servente de escola municipal e, assim que viu a garantia de um salário, comprou um terreno no quilômetro 34 da Rio-São Paulo, só dois quilômetros adiante da nossa primeira casa.

Sem imaginar que um dia precisaríamos deixar a casa de Realengo, eu participei da construção no quilômetro 34. Carreguei os tijolos com meu pai, virei massa e vi nosso lugar nascer. Não tinha acabamento ainda, mas fomos mesmo assim. Como era uma região monótona pra um adolescente, mergulhei de cabeça no preparo físico para a Brigada Paraquedista. Corria todos os dias 12 quilômetros e fazia, sem exceção, flexões de braço, abdominais e barra.

Um dia, durante a corrida, descobri uma instalação da Cedae onde eu podia treinar subida de corda. Era uma estrutura de respiradores da tubulação de captação de água sustentada por cabos de aço. Olhei e decidi tentar. Subi e desci com êxito, só que as mãos ficaram destruídas. Minha mãe cuidou das feridas, e meu pai, vendo o estrago, decidiu me ensinar a engrossar as mãos usando tintura de iodo nas palmas. Eu melhorei tanto que podia subir em qualquer tipo de cabo! Só tive problema com as meninas. Fiquei proibido de passar as mãos no rosto da minha primeira namorada porque machucava sua pele fina.

As vantagens, porém, eram muito maiores. Um dia, minha mãe pediu pra eu ir ao Centro de Campo Grande fazer compras pro almoço. Fui, fiz as compras e, enquanto aguardava na fila do ônibus, começou uma batida policial. Eu estava tranquilo, até verificar o bolso e perceber que tinha esquecido a carteira de estudante. Como era tempo do regime militar, eu tinha que estar com a carteira. Fui encaminhado pra delegacia. Demorou muito por lá. O policial ouviu um por um, e eu só pensava que minha mãe me mataria porque eu estava sendo preso. Quando finalmente me chamaram, a primeira pergunta foi sobre o que eu fazia da vida, pra verificarem se me encaixava no crime de vadiagem. Respondi com a verdade: estudava e trabalhava na horta da minha casa pra vender morangos, almeirão e alface (o hábito de fazer dinheiro com trabalho nunca me abandonou). E então o policial foi direto:

— Trabalha na roça? Mostra suas mãos.

Mostrei. O homem arregalou os olhos e continuou:

— Que porra é essa?

— É de capinar.

Ele ainda tocou nelas, mas desistiu.

— Pode ir embora!

— Posso?

— Vai!

As minhas mãos me libertaram, como ocorreria dali pra frente.

Entre tantas outras aventuras, estava a prática do tiro. Eu nunca teria deixado esse talento de lado. Seria heresia, e ninguém gosta de pecado. Minha mãe, vendo essa paixão irrefreável, acabou cedendo um pouco. Como ela tinha medo de que eu fosse confundido com um bandido, permitiu que atirasse dentro do quintal. Só que eu tinha um amigo no quilômetro 37 que me deixava atirar onde quisesse.

Mas não era o suficiente. Não pra mim. Descobri um terreno baldio infestado de ratos e passei a levar pão dormido cravado em um pau, que eu fincava no meio do lugar. Aí era só esperar imóvel, invisível, até o alvo aparecer pra comer a isca. Era certeiro, sempre. Só que o bicho é esperto e, por isso, a cada morte, eu tinha que mudar o local da armadilha. Matei todos.

* * *

Se eu queria me alistar, era preciso mais. Não bastava ter preparo físico acima da média, mãos calejadas e ser bom de tiro. Era preciso estudar. Terminar o segundo grau era mais uma missão. Como tudo estava em jogo, me dediquei. A minha formatura teve menção elogiosa. Deixei meus pais orgulhosos.

Chegou, então, 1982, o momento que tanto esperei, o ano do meu alistamento. Colhi todas as informações possíveis pra não ter chance de erro. O meu pesadelo era sobrar. Nada me apavorava tanto quanto não ser escolhido para o Exército. Era tudo ou nada. Por isso, quando um ex-aluno do meu colégio apareceu para conversar, eu logo me inseri no grupo. Ele era cabo da Brigada Paraquedista e contava as histórias do quartel. Além de absorver a empolgação que ele mostrava, eu pedia orientação pra poder fazer tudo certo quando chegasse a minha hora. Ele foi claro:

— Assim que for se alistar, avisa que é voluntário pra Brigada Paraquedista. Se não avisar, já era: vai ser enviado pro pé-preto.

Ser pé-preto ou pé-de-cão, tanto faz a expressão, seria horroroso pra mim. Afinal, eu não planejava ser um soldado comum, que usa um mero coturno preto. Meu pai não era comum e eu certamente não tinha nascido pra ser menos de 100%. Chegou o dia. Fui com dois amigos até a junta de serviço militar de Nova Iguaçu e, assim que avistei o sargento responsável pelo alistamento, avisei:

— Sou voluntário pra Brigada Paraquedista.

— Calma, rapaz. Aqui a gente só vai preencher a ficha. Você tem que dizer isso lá na frente, quando for se apresentar na Vila Militar.

Foi difícil, mas esperei. Chegou o dia da apresentação. Era uma unidade comum, de pé-preto, e eu fiz a mesma coisa: avisei que queria ser da Brigada Paraquedista logo depois do "bom dia". E aconteceu exatamente como o ex-aluno da minha escola tinha explicado: minha ficha recebeu o carimbo e a data de apresentação na brigada que eu queria. Estava só começando minha missão. Ao passar a mão em cima daquele carimbo, meus dedos tatearam o gatilho que eu decidi puxar. Saltar de um avião não seria fácil, eu sabia, e, ainda assim, não seria o suficiente. Todos os filmes e séries que via junto com meu pai no sofá da sala repassaram ali entre as tintas que desenhavam minha ficha. Quando eu não conseguia ficar acordado pra ver os filmes de guerra, a paixão do meu pai, assim que me sentava pro café da manhã, ele começava a contar detalhes da trama a que assistira. Os personagens tinham propósitos, faziam planejamentos, enfrentavam contratempos, mas não só sobreviviam: eles também ganhavam.

Até aquele momento, eu era um dos personagens inexpressivos que morrem logo no início do filme. Lembrei-me até da ratoeira que matou nosso inimigo roedor enquanto assistíamos à série *Combate*. Aquele bicho morto tinha mostrado que a nossa primeira missão havia sido cumprida. Mas eu precisava ir além, precisava estar preparado para todas as ratoeiras. O rato não poderia ser eu.

CAPÍTULO 2

Intensifiquei os treinamentos físicos e estava mais preparado do que qualquer um para a nova missão. Meu joelho passou a doer um pouco, e até fiquei preocupado, mas era preciso me acostumar com a dor. Acertei o relógio, coloquei a ansiedade de lado e dormi pra garantir a manhã perfeita no dia seguinte, meu primeiro dia na Brigada Paraquedista. Saiu tudo como programado. Cheguei na hora marcada, sem atraso — e esse foi meu primeiro erro. Os jovens se espremiam diante do portão sendo fechado pelo cabo, que gritava que já tinha sido encerrada a seleção. Refiz na cabeça os passos, o relógio, a hora que acordei, o treinamento... Nada estava fora do lugar, exceto eu. Estava fora do portão que se fechava, estava distante do meu pai, estava fora da vida.

Tudo que eu não queria ser me rondava. Fui, então, dizer ao cabo que cheguei na hora marcada. Ele balançou a cabeça:

— Se continuar chegando no horário marcado, nunca vai entrar!

— Que horas tenho que chegar então?

— Esse pessoal que tá lá dentro chegou antes das cinco da manhã.

As grades frias se tornavam ainda maiores enquanto eram fechadas. Os homens que foram mais bem preparados estavam lá dentro, aliviados pela primeira conquista. Do lado de fora, eu tinha certeza de que ninguém havia se preocupado com a perfeição tanto quanto eu. E, mesmo assim, foi pra mim que o cabo virou as costas quando se juntou ao grupo ao qual eu não pertencia. Ficou tudo embaçado. Levei um tempo pra absorver que fazer o correto, como fiz a vida inteira, nunca seria o suficiente na Brigada Paraquedista. Aquela tropa ia além, como meu pai sempre falou. Apesar de ter sido avisado, viver aquilo tudo tão cedo foi uma grande porrada.

Voltei pra casa desesperado. Meus pais se sentaram pra refazer todo o planejamento comigo. Viram os horários dos ônibus e dos trens. Depois de muita conversa, surgiu a casa da minha tia como opção para chegar cedo. As próprias pernas são sempre mais confiáveis do que qualquer transporte. Estava decidido. Como minha casa ficava muito distante, eles acharam melhor eu passar a noite na casa da minha tia, em Realengo, onde um dia tínhamos morado. Eu fui. Apesar de ter sido consolado e de ter um plano pensado pelos meus pais e endossado pela minha tia, a inquietação contaminava o corpo.

Minha tia colocou o despertador, mas eu não consegui dormir. E se o aparelho falhasse? E se eu não acordasse? Opções inaceitáveis para quem já tinha doado a alma ao Exército. Só me faltava a farda. Não dava para errar. Optei então por aceitar a insônia. Era mais segura.

Deixei a casa às 2h30 e andei 7,5 quilômetros sem sentir. Às 4h em ponto estava diante do portão. Era por ali que eu entraria e nunca mais sairia. Cruzei o portão às 7h30. Os soldados paraquedistas zoavam todos os conscritos por prazer: era o primeiro contato com o trote, que se tornaria diário. Mantive a cabeça baixa quando entendi que estava no mesmo local onde meu pai tinha sido desligado. Silêncio na cabeça. Só olhava pra frente enquanto explicavam todos os testes que enfrentaríamos. A primeira fase era a inspeção sanitária. Eles nos viram do avesso pra ter a certeza de que estamos bem de saúde.

Passei com folga no exame de vista e em tantos outros, mas não seria tão fácil. O dentista apontou duas cáries grandes que me reprovariam com tranquilidade. Disse que eu teria que fazer canal e um monte de outras coisas. Entrei em desespero. Ele percebeu e ofereceu uma saída: a minha palavra. Prometi que trataria os dentes assim que saísse dali e, em troca, recebi um carimbo "PV", que significa "para voltar". O alívio da notícia durou pouco. Afinal, eu tinha só três dias pra me curar de algo, e não podia pagar. Agradeci a boa vontade do tenente dentista e saí do consultório com a mão no rosto, testa franzida e andar irritado.

Cheguei em casa e contei para os meus pais a nova preocupação. Na hora, minha mãe me acalmou e lembrou que a minha prima, aquela que fez a banheira de salmoura quando rolei morro abaixo, era professora do Senac de Madureira, onde havia também um setor de odontologia. Assim que ela terminou a frase, eu já estava saindo pela porta. Peguei, impaciente, o primeiro ônibus. Saltei correndo e em seguida entrei no Senac, interrompendo a aula da minha prima. Contei esbaforido que precisava de um dentista. Ela viu a urgência estampada na minha cara e conseguiu uma consulta com rapidez.

Na cadeira do dentista, com aquela luz forte, aparelhos esterilizados e sentindo o cheiro que parece impregnar todos os consultórios dentários do mundo, comecei a ser examinado. O dentista arregalou os olhos e repetiu o que tinham dito na Vila Militar. Era preciso um tratamento sério e demorado. Avisei que tempo era algo impossível. Contrariado, ele fez só um curativo, me alertando a cada cinco minutos de que estava fazendo aquilo para me ajudar, mas que eu deveria me cuidar depois da maneira apropriada.

Eu não sabia se aceitariam essa solução no quartel, mas era a minha única chance. Estava confiante porque só nesses dois dias eu já tinha superado a fase inicial e ido a um consultório odontológico pela primeira vez na vida. Eu venceria essa etapa.

No dia marcado, voltei pra inspeção sanitária. O mesmo dentista me atendeu. O cara era bom e não se deixou enganar. Viu logo que eram curativos e não dentes tratados com o tal canal feito. Mais uma vez, ele sentiu meu nervosismo e foi generoso:

— Você tem que terminar esse tratamento, senão vai te dar problema mais pra frente.

— Sim, senhor!

Repeti essa frase em todas as vezes que ele me explicou com detalhes a situação. Dei minha palavra e, em troca, recebi o carimbo de aprovado. Eu não cabia em mim de tanta felicidade. Saí da inspeção sanitária com alívio no peito e admirando minha ficha, que estampava a aprovação. Estava com o pensamento longe, imaginando como tudo seria a partir dali, até que vi o aparelho que simula a aterragem. Me aproximei e notei que um soldado fazia a manutenção. Tinha prometido ficar quieto, mas precisava confirmar se era o aparelho no qual meu pai fora reprovado:

— Bom dia! Senhor, esse é o balanço?

— É, sim.

O soldado nem me olhou. Não queria conversa. Mas a resposta foi suficiente pra conter o entusiasmo com a lembrança de que havia um propósito maior do que a sequência de carimbos. Eu estava diante do aparelho, o tal balanço, usado pelo sargento pra rasgar o futuro do meu pai como paraquedista militar. Refiz a promessa pra mim mesmo: vou conseguir. Agora era hora de enfrentar a prova física.

Achei melhor dormir de novo na casa da minha tia, pois tudo acontecia muito cedo e eu não podia arriscar um atraso. Desta vez, estava um pouco mais calmo e fui de ônibus. Ao descer na Vila Militar, já comecei a correr porque me avisaram que os paraquedistas antigos não deixavam os novatos caminharem e, caso flagrassem qualquer um andando, marcavam a cara pra pegar ainda mais pesado no treinamento.

* * *

Estávamos sentados no chão mais uma vez, ouvindo todo tipo de zoação e pressão sobre as dificuldades da corrida, nossa primeira prova. Mantinha a cabeça baixa e me concentrava na ideia de não demonstrar o que pensava sobre os exercícios. Fizemos a corrida e, como eu já esperava, consegui passar com tranquilidade e sem demonstrar que podia mais. Na chegada, os paraquedistas nos deram água. Eu neguei. Fui treinado pra correr distâncias maiores e não beber água por pelo menos uma hora. Um militar me notou:

— Não vai beber água, não, conscrito?

Com o pensamento fixo em não chamar atenção, aceitei a água, mesmo sem querer. Em seguida, voltamos à área de estágios pra fazer o teste da subida de quatro metros na corda. Não podia dar impulso nem encostar as pernas ou os pés. Era o meu primeiro contato com a corda de sisal de três polegadas. Muitos foram reprovados, e a maioria dos que conseguiram rasgou as mãos, deixando pele e sangue pra trás e mudando aos poucos a cor do sisal. Eu estava de frente para a corda, encarando as fibras e esperando ouvir o sinal pra começar a subir.

— Ligar. Já! — ordenou o sargento.

Segurei e imediatamente senti o conforto do sisal. Como era macio! Em nada lembrava os cabos de aço da Cedae que me serviram de treino. Achei aquele exercício um prazer. Subi rápido e cheguei ao topo enquanto me lembrava das palavras do meu pai: "Braçadas curtas, Marco, não deixa abrir espaço entre as mãos!" Esperei o novo sinal e desci com a mesma facilidade, cumprindo todas as regras. Não olhei pra ninguém. Simplesmente fui pro meu canto e aguardei ser chamado novamente.

Fizemos barra, abdominal e flexão de braços, com o cuidado de não encostar na mão do sargento, que ficava entre o nosso peito e o chão, pra evitar acochambração. Tudo tinha que ser executado com perfeição e atendendo aos detalhes. Valeu a pena acordar todos os dias e manter a rotina de exercícios. Eu passei e me sentia cada vez mais perto de cumprir a missão. O próximo passo seria no 25º Batalhão de Infantaria Paraquedista.

O corte de cabelo era uma das exigências na apresentação. Tinha que ser exatamente o que a brigada esperava. Eu estava inseguro quanto a isso e resolvi ir até a escola onde meu pai trabalhava como vigia. Fizemos a faxina do fim do dia juntos, como estávamos acostumados, e pedi pra ele fazer o corte. Meu pai gostou da ideia e foi logo avisando:

— O corte é Príncipe Danilo!

Na época dele, esse era o nome de um jogador de futebol que usava corte militar, então na moda. Bastava raspar quatro dedos acima da orelha e deixar o topo da cabeça com o cabelo curto. Eu desconhecia isso. Ele, em contrapartida, sabia exatamente o que estava fazendo quando veio com a lâmina de barbear na mão. Cortou meu cabelo como se trabalhasse no Exército. Quando me olhei, achei tão feio que não consegui segurar:

— Pai, é isso mesmo?

— É, meu filho. Lá ninguém liga pra beleza, não!

Fiquei com muita vergonha de mim mesmo. Como era horroroso esse corte padrão!

Quando parei em frente à guarda do Batalhão Paraquedista, senti um impacto pelo corpo inteiro. A guarnição usava o uniforme camuflado, apelidado de brotoeja, igual ao da tropa da foto que recortei da revista e guardei na carteira por anos. Eu consegui chegar e seria um deles.

Fiquei nervoso na hora da apresentação. Eles olharam tudo e, como não falaram nada do cabelo, era sinal de que estava como queriam. Fomos submetidos a uma nova inspeção sanitária, só que mais leve. Tudo certo. Passei por mais essa, mas eu ainda não tinha nome pra eles. Recebi um número: 1638. Peguei o enxoval de recruta, com absolutamente tudo que precisávamos. Fardas, tênis, cueca, aparelho de barbear, gorro, entre outras coisas. Esses objetos e os quatro números que recebi eram o que eu representava pra eles antes de começar o internato. A data estava marcada. Tinha chegado a hora de mostrar que eu era mais.

* * *

Segunda-feira, primeiro dia. Fui preparado. Meu pai e meu ex-colega de escola que se tornou paraquedista avisaram que seria um momento de impacto. Treinei a mente e fixei a ideia de que eu era um prisioneiro de campo de concentração. Foi o jeito que encontrei pra enfrentar o isolamento. Era tudo verdade, uma pressão enorme. Estava longe de casa e na companhia de desconhecidos, com o poder de me dominar física e psicologicamente. Foi ficando muito difícil, então inverti a lógica. Pode parecer besteira, mas me lembrei do personagem verídico de Steve McQueen no clássico *Papillon* e entendi que, enquanto não precisasse comer uma barata para sobreviver numa solitária, eu estaria no lucro.

As instruções noturnas ocorriam num anfiteatro pequeno, com os recrutas amontoados pra sentir o que era pertencer ao batalhão. O suor quente fedia tanto que meu nariz ardia. Entendi a intenção. Não havia biologia que impedisse um paraquedista de cumprir sua missão. Tudo pelo qual eu tinha passado até então era só um ensaio do inferno; o treinamento físico seria brutal.

O que mais me dava trabalho era o exercício chamado "torus", praticado na quadra de areia. Eu e mais três ou quatro militares carregávamos uma tora enquanto fazíamos agachamento, abdominais e levantamentos. Com um detalhe cruel: a areia se depositava naturalmente entre a tora e o nosso corpo, que era literalmente lixado, soltando a pele. Tinha que ser tudo em sincronia, senão sobrava mais peso pro outro recruta e a execução era reprovada. Como resultado, castigo, com mais exercícios pra fazer. Geralmente os instrutores nos puniam com o "canguru": agachamento alternado de pernas com um salto na troca de pernas, mãos no topo da cabeça e corpo perfeitamente ereto.

O problema é que a aplicação do castigo não precisa ser justa. Os instrutores decidem conforme a vontade. Uns são mais profissionais. Outros só querem exercer poder, aí cismam com a cara de alguém, que passa a ralar o curso inteiro. Na minha companhia, havia um sargento que demonstrava muita técnica e só cobrava quando realmente fazíamos errado. Prefiro pessoas assim porque mostram que levam o trabalho a sério. Uma vez, ouvi esse sargento conversando com soldados sobre um salto que tinha feito. Ele deu um conselho que nunca mais esqueci, porque recebi a mesma orientação do meu pai: ao saltar, não importa em quais condições, a gente deve sempre se preparar pra aterragem perfeita, porque o tranco é sempre brutal, e um único vacilo é capaz de quebrar os ossos e nos tirar do combate.

* * *

Eu sofria pra cacete, mas me prendia às coisas positivas: a comida era boa, o café da manhã, reforçado, recebi vacinas e não me torturavam. Assim como todos os recrutas, perdi a noção do tempo, mas sabia que havia uma data marcada pra aquilo tudo terminar. Não tinha o que temer, a não ser meus próprios demônios. Estava progredindo. Chegou o momento das instruções de armamento, munição e tiro. A primeira fase era com um fuzil de ar comprimido, o FAC, com o mesmo formato do fuzil ParaFAL, usado pelos paraquedistas e guerreiros de selva.

Notei que a maioria nunca tinha visto uma arma de ar comprimido e, pra não chamar atenção, fingi surpresa também. Meu pai não saía da minha cabeça. Fiz toda essa etapa imitando os inexperientes pra não me sobressair. Só que chegou a segunda fase, que era com tiro real. Sempre sonhei atirar com um fuzil do Exército. Estava em êxtase porque usaria finalmente um deles. Dei sorte e peguei uma arma nova. Parecia feita sob medida. Era bem mais pesada do que a minha carabina Rossi de ar comprimido. Passei a mão nela pensando no recuo e lembrei-me do meu pai dizendo pra não ter medo do coice. A vontade de acertar e a confiança no fuzil permitiram uma concentração perfeita.

A primeira posição era deitado, com a arma apoiada. Um tenente com capacete de cor diferente e uma placa enorme na mão dava os comandos visuais e de voz. Fiz os disparos. Olhei pro alvo e o furo era quase único, embora três projéteis tivessem saído da arma. Praticamente um dentro do outro. Estava orgulhoso, mas sem demonstrar. O tenente conferiu cada alvo e, quando chegou ao meu, deu uma porrada com a placa no meu capacete:

— Recruta, tu é bandido?

— Não, senhor.

— Quer dizer que o urubu maldito e embusteiro quer que o tenente use uma obreia só no alvo?

Não sabia o que responder nem *se* deveria responder. No meio dessa confusão que acontecia só na minha cabeça, chamaram o tenente e ele deixou o estande. Era a hora da segunda série de disparos. Municiei o carregador enquanto considerava todas as possibilidades, tentando chegar a uma conclusão que agradasse. Não deu. Decidi que estava ali pra fazer o melhor possível e, se eu era mestre naquela porra, foda-se. Atirei a segunda série e, de novo, um dentro do outro. Quem veio conferir não era mais o tenente. Fiquei aliviado. Nenhuma pergunta foi feita. Pouco tempo depois, fui convocado pra fazer parte da equipe de pentatlo. Com certeza me escolheram por conta da precisão desses primeiros disparos, visto que no pentatlo há prova de tiro.

Apesar de ter sido obrigado a entrar pra equipe, achei bom. Treinava muito e me tornava cada vez melhor. Uma vez, ao devolver o fuzil no arsenal, vi uma luneta. Hoje eu sei que era uma luneta muito rudimentar, a OIP, de um fabricante belga, o mesmo do fuzil ParaFAL. Pedi ao armeiro pra dar só uma olhada na luneta e ele deixou. Peguei e analisei cada componente, me senti no filme *O dia do Chacal*. Queria pular as fases e poder usar o que quisesse. Muitas vezes senti essa pressa, mas logo me lembrava do meu pai e a calma voltava.

*   *   *

O treinamento era descomunal, ainda mais para os atletas do pentatlo. A gente ia pra pista do 26º Batalhão de Infantaria Paraquedista pra aquecer e começar a fazer os exercícios antes mesmo da chegada do treinador. Um dia, eu não me aqueci direito e não vi que as superfícies estavam cobertas pelo orvalho da manhã. Fui fazer a passagem de vau, um fosso com pequenos tocos que o atleta tem que pisar pra atravessar para o outro lado. Eram cinco tocos. Eu pisava só em três e conseguia executar rapidamente. Só que nesse dia eu escorreguei no último e caí. Fiquei com uma dor persistente na lombar. Continuei na pista; mas, quando cheguei ao alojamento, a dor aumentou e, nos dias seguintes, piorou. Fiquei preocupado porque dali a pouco seria o teste de entrada na área de estágios, e ser reprovado não era opção.

Não falei pra ninguém sobre o problema, continuei como se estivesse normal. A angústia vinha quando fazia abdominal. O exercício, que eu executava com tanta facilidade, agora queimava as costas. Parei de tentar fazer pra preservar a obrigação do exercício no dia do teste. Consultar um médico nem passava pela minha cabeça. Afinal, quem fazia visita ao setor ficava marcado. Os instrutores monitoravam a enfermaria pra arregaçar ainda mais nos exercícios de quem se consultava. Eu tinha que aguentar.

Chegou o dia do teste. Fiz todas as etapas com tranquilidade, mas na hora da abdominal tive que cerrar os dentes pra massacrar a incerteza. Terminei, consegui. O instrutor mandou levantar. Não segui de forma imediata.

— Que foi, PQD?

— Dei mau jeito.

— Ah, seu ridículo! Então paga dez cangurus pra soltar!

Ele, num lapso, me chamou de PQD. Era o remédio que eu precisava naquele momento. Tudo passou. O reconhecimento estava mais próximo do que nunca. Nas semanas seguintes, fui qualificado como fuzileiro paraquedista com a QM 07/001. Eu ainda não era paraquedista, mas já estava na área de estágios, a mesma que marcou meu pai e minha família. Dali a duas semanas o meu resultado seria diferente. Tinha que ser.

O treinamento foi intensificado. De manhã, fazíamos os exercícios repetidamente, sem parar pra descanso. Almoçávamos e saíamos do rancho já correndo. Era proibido andar. A tarde era ocupada pela parte técnica: salto da torre, balanço, aterragem, simulador de saída de porta e de rampa das aeronaves. Se tudo fosse executado de maneira perfeita, éramos liberados depois das 16h30, exceto quem tinha errado. Esses ficavam até a noite na lendária escolinha pagando o quanto mandassem.

Sem me exibir, mas eufórico, fiz o teste de saída da área de estágios. Foi nessa fase que meu pai foi reprovado. Precisava estar concentrado. Minha vida inteira estava em jogo. Se falhasse, não conseguiria encarar a família e os amigos. Preparado eu já estava, sabia disso, mas meu pai também estava. Não era essa a questão. As razões estavam embaçadas. Pensei muito, rezei e fui. Usando só a calça e o coturno, como é exigido, cumpri todo o teste físico. Passei e o primeiro salto estava marcado. No dia 2 de maio de 1983 seria definido se tudo em que acreditei era verdade.

Na área de concentração pra saltar, que a gente chama de rodoviária, no Campo dos Afonsos, recebi o equipamento e senti pela primeira vez a realidade. Não havia mais simuladores. Estava entrando na aeronave Hércules C-130 e ouvindo seu barulho ensurdecedor. A tensão e a expectativa do final estavam impregnadas com o cheiro de querosene. Nada importava, a não ser os gritos incessantes do mestre de salto. Seguindo o treinamento, ele dava e repetia os comandos pra que não tivéssemos tempo de recuar. Eram comandos de voz associados a gestos porque o barulho era muito alto e, mesmo assim, as ordens precisavam chegar claras, pois cometer qualquer erro ali seria grave. Eu já estava condicionado aos reforços e aos castigos.

Era pra ouvir, entender, cumprir, pensar, mas não questionar. Afinal, eles eram os protagonistas de elite que transformavam o impossível em banal.

Eu nunca tinha entrado em um avião e, na minha primeira vez, não pousaria com ele. O mundo como eu conhecia estava ficando pequeno, enquanto o mestre de salto berrava sem parar sobre a fita que não podia ficar debaixo do braço, que não podia agarrar na aeronave. A fita tinha que ficar livre pro paraquedas abrir da maneira certa e não mutilar o braço. Éramos oito por porta. O mestre de salto deu os comandos entre pausas pra gente cumprir cada um deles:

— Avião!

— Preparar, levantar, enganchar!

— Verificar equipamento!

— Contar!

A gente respondeu na ordem correta:

— Oito pronto!

— Sete pronto!

— Seis pronto!

— Cinco pronto!

— Quatro pronto!

— Três pronto!

— Dois pronto!

— Um pronto!

E o mestre de salto finalizou:

— À porta!

Os gritos eram só dele e dos quatro turboélices do Hércules C-130. Eu estava na porta, eis que veio o "Já!" e, com a ordem, o alívio. A aeronave se afastou e o silêncio me envolveu aos poucos. De repente éramos só eu, o vento sibilando nos cordões do paraquedas e mais nada. Fechei os olhos e falei:

— Consegui, meu pai. Eu sou um paraquedista!

CAPÍTULO 3

Todo homem tem um ponto de ruptura, exceto aqueles que são responsáveis pela vida dos outros. Saltar sobre um cenário de guerra é para poucos, e o Treinamento Individual Básico de Combate, o TIBC, existe pra ver quem consegue endurecer a alma. A única certeza é que os corpos que sairão desse treinamento caminharão de forma diferente. É preciso estar preparado pra perder; essa é a jogada. Não é possível colocar a vida dos outros acima da nossa sem saber que somos parte de algo maior e que funciona sem a gente. Ao mesmo tempo, somos os escolhidos pra impedir que a insanidade da guerra chegue até quem amamos. Somos afastados de tudo que é familiar pra nós. Não temos mais teto, muda de roupa, prato ou comida suficiente.

A Serra de Madureira foi escolhida como cenário pra saber se todos que estavam ali eram capazes de sobreviver e obedecer a ordens sem entrar em surto ou desenvolver um quadro de inanição. Era a primeira vez que estava me preparando pra enfrentar uma fase sem qualquer dica. Meu pai não entrou no TIBC, e o ex-aluno da minha escola, que era paraquedista, não deu detalhes. Só disse que lá eu entenderia o que era o inferno.

Na sexta-feira, fomos dispensados. Fui pra casa e comi tudo que podia até a tarde de domingo, quando estava marcada a apresentação no 26º Batalhão de Infantaria Paraquedista, o mesmo onde meu pai tinha servido. Recebemos algumas ordens inusitadas. Não poderíamos levar nada além da única farda que vestíamos e o pau de fogo, o fuzil Mq M968 MosqueFAL, desativado. Ordenaram que amarrássemos o cinto com um nó firme em vez de fechar a fivela que usávamos com o fardo aberto. Tudo ficou mais distante de qualquer expectativa que eu tivesse. A partir dessa situação impossível chamada inferno, decidi que eu era o Papillon. Então, como havia sobrevivido a uma década de solitária comendo baratas, qualquer migalha de liberdade ou comida seria prêmio.

Estávamos dentro da viatura. Ninguém falava. Pelos rostos dos companheiros, eu notava que o silêncio pesado naquele caminhão contrastava com as loucuras e os medos que cada um tentava desenhar na cabeça. Já eu estava em paz. Daquela mata hostil, esperava recompensas como poder ver o sol, não dormir em uma cela e conviver com parceiros em quem eu podia confiar, apesar de saber que não conseguiríamos conversar. O TIBC não seria lugar pra isso. Todas essas vantagens me deixariam num patamar de luxo comparado ao do Papillon.

Foram 20 quilômetros até a Serra de Madureira e, quando chegamos, já havia um amontoado de gente aguardando o espetáculo do desembarque. Quem morava na região sabia quando acontecia o estágio e ficava esperando pra acompanhar o que fosse possível.

Descemos levando porrada, muita porrada. Ficamos em fila e seguramos o cinto pela retaguarda de quem estava à frente. Fomos caminhando, apanhando sem parar e escutando gritos incessantes mandando subir a serra. Estava anoitecendo e não consegui sentir o frio habitual desse horário. Foram muitas as adversidades: subimos três quilômetros na chuva sem poder soltar o cinto de quem estava à frente e sentindo uma pressão inacreditável na área da cintura. Além do esforço natural que se faz numa subida, a gente ainda tinha que carregar o outro colega. Os mais altos acabavam levantando os mais baixos, mesmo sem ter intenção. Eu tenho quase dois metros de altura e, por muitas vezes, fiz levitar o companheiro da frente, tamanho era o esforço. Em meio aos gritos, aos tapas, à água da chuva e à dor do esforço no abdômen, a gente suava e tentava respirar com calma pra conseguir dominar o próprio corpo.

Quando finalmente chegamos ao topo, já era noite e a chuva aumentou. Entramos numa área descampada com o chão de lama e uma palafita de madeira. A única coisa que víamos era uma luz vermelha, cuja claridade impedia a visão do interior da casa, de onde o comandante do campo dava as ordens pelo megafone, que apelidamos de Boca de Ferro. Soltamos os cintos e nos dividiram em grupos, que eles chamaram de aviões. Sabíamos que quem comandava era uma pessoa, mas não havia ninguém pra ver. Era tudo escuridão, lama, insetos, floresta e a voz:

— Aqui vocês têm dois direitos. Direito número um: o direito de não ter direito. Direito número dois: o direito de não reclamar do direito que tem.

Ninguém se olhava. Estávamos em formação, enquanto a chuva se misturava ao suor, e a lama começava a subir nos coturnos ainda pretos. O Boca de Ferro explicou as punições pra quem não seguisse as ordens:

— Se houver qualquer problema de saúde, nós temos o doutor Barros. Se houver alguma indisciplina ou erro, temos a casa de cobras e, claro, não terão direito à ração. Entendido?

Depois tudo seria explicado. O doutor Barros era um buraco na lama em que entrávamos e ficávamos cobertos até o peito. O tempo era determinado pelo Boca de Ferro, mas nunca deu pra calcular as horas ou os dias em que se permanecia ali. A casa de cobras era uma gaiola rasa na qual tínhamos que entrar rastejando e que abrigava um monte de cobras. Elas não eram venenosas, mas dividir quatro metros quadrados de lama com cobras estava longe de ser agradável.

A privação de alimentos era o mais cruel. Nós comíamos na alvorada e antes de dormir, quando todos desligavam por duas ou três horas, no máximo. O desjejum era meio caneco de cantil de "kaol", uma mistura de café solúvel com leite, e dois pães carecas por dupla. O jantar cabia em uma lata do tamanho daquelas de ração pra gatos, bem pequena, e também tinha que servir pra cada dupla.

Com o objetivo de trabalhar o companheirismo, comíamos em colheradas alternadas sem poder encher demais a colher ou dar duas colheradas seguidas. Se tentássemos driblar as regras, era impressionante: o Boca de Ferro via lá de cima e mandava todo o avião pro doutor Barros. Isso era mais grave à noite porque significava menos tempo pra descansar.

* * *

Os dias eram feitos pra provocar a exaustão emocional e física. Na técnica de rastejo, uma trincheira com um teto de arame farpado não deixava a gente descolar o peito do chão. Um paraquedista se posicionava na margem e atirava com o FAP, fuzil automático pesado, pra simular o estresse da guerra. O túnel de gás lacrimogêneo era uma manilha de 15 metros, com água até a metade. Quando entrávamos por um lado, lançavam granadas de gás, o que tornava muito difícil manter os olhos abertos porque a água e a lama fazem arder muito mais do que o normal. A pista de ação e reação era pra deixar cada um afiado. Surgiam alvos e disparos na floresta pro recruta identificar a direção, avaliar se o alvo era inimigo ou amigo e se havia tempo pra se abrigar ou reagir prontamente.

Também treinamos orientação diurna e noturna usando uma bússola que indica os pontos de interesse por ângulos, os chamados azimutes. E havia as armadilhas, que podiam ser armadas pra caçar animais ou pra impactar a tropa inimiga, variações que definem a técnica de montagem. Avaliávamos se a tropa inimiga deveria ser atrasada por ferimentos ou se aquele tipo de combate teria melhor resultado com a incapacitação total dos inimigos.

As experiências da Guerra do Vietnã eram o norte dessas instruções: como atravessar rios, quem da tropa deveria ser o primeiro a se jogar na água pra amarrar o cabo na outra margem, como obter água potável por meio da vegetação e do solo e até como se camuflar submerso, respirando por uma espécie de canudo entre as plantas na água, com o objetivo de fazer uma emboscada. Aprendizados que realmente definem quem sobrevive em condições extremas.

A gente andava e repetia esses exercícios todos os dias. A fome era uma constante, tanto que eu passei a aproveitar o treinamento na mata pra comer insetos quando os soldados paraquedistas, que acompanhavam a gente, não estavam olhando. Comia muito aquela baratinha de jardim, que não tem nada a ver com a doméstica; tem gosto de terra e é proteína pura, o que afastava meu medo de adoecer. Um dia, consegui pegar uma rã. O meu canga, como a gente chama quem compõe a nossa dupla, perguntou:

— O que você vai fazer com isso, cara?

Eu apertei a rã até as vísceras saírem pela parte de trás e a engoli inteira. Festejei muito! Sempre ouvi as rezadeiras que moravam perto da minha casa dizerem que comer rã era bom pro pulmão. Estava feliz e com a garantia de que passar o dia molhado em meio à lama e dormir na chuva e no frio não me deixaria doente. Afinal, não podia errar, aquela era minha única chance. Quem é desligado do TIBC, não importa o motivo, vira automaticamente o chamado "PQD de jardim", aquele que não foi testado e, portanto, não é confiável pra uma missão. Ser menos do que eu poderia ser não estava entre as opções. Eu já era paraquedista e ia ser um dos melhores.

Gostei tanto de encontrar essa forma de driblar a fome que não passava um dia sem comer insetos. Uma vez me descuidei e um soldado me viu comer a baratinha:

— Urubu, que porra é essa que você colocou na boca?

Ele chamou os outros soldados monitores e já começou a me bater:

— Urubu, abre a boca, filho da puta!

Quando ele viu a barata mastigada, ficou ainda mais revoltado:

— Urubu, filho da puta, comendo bicho! Agora você vai comer tudo que se mexer!

Eu sabia que estava fodido. Foi uma merda, uma grande merda. A partir desse dia, eu tive que comer todos os insetos que esse soldado achava na mata. Todo dia me procurava com o bolso cheio. O besouro era o pior, tem um gosto amargo desgraçado, que arde a boca toda. Mas se era por isso que eu tinha que passar, tudo bem, mais proteína.

Depois das 20 horas diárias de instruções, a gente voltava pro terreno descampado e lá o comandante Boca de Ferro fazia um treino de ordem unida de 32 tempos, ou seja, depois de estarmos fisicamente exauridos, tínhamos que ser coesos, ter reflexos de obediência perfeitos e mostrar que podíamos nos deslocar com inteligência e ordem quando comandados ou não.

Primeiro, ele dava ordens aos Comandos. Depois, ao soar do apito, tínhamos que decorar e executar os movimentos com exatidão. Só então estaríamos liberados pra comer e dormir. O problema é que a gente errava muito. Todos os aviões iam pelo menos uma vez ao doutor Barros à noite. Voltávamos encharcados de lama e, apesar da vontade de comer rápido e o máximo que pudéssemos, tínhamos que comer devagar e dividindo uma lata com nosso canga.

A posição pra dormir obedecia a um revezamento. A gente se sentava na lama, abria as pernas e quem estava na nossa frente encostava na pelve do outro, e assim sucessivamente. Quando o comandante dava a ordem, a gente caía pra trás em um efeito dominó. Assim as costas, que são mais sensíveis a doenças nessas condições, ficavam protegidas no corpo do outro. O último homem se ferrava porque as costas ficavam direto na lama, e por isso a necessidade do rodízio na noite seguinte. A maioria das luzes era apagada, a não ser a maldita luz vermelha, e só sobravam ela e o silêncio. Algumas vezes, quando estava dormindo, acordava ouvindo uma voz no fundo:

— Urubus, aqui vocês têm dois direitos. Direito número um: o direito de não ter direito. Direito número dois: o direito de não reclamar do direito que tem.

Sinceramente, nem sei se eles falavam realmente alguma coisa ou se já eram as ordens se fixando na cabeça. Não havia troca de farda nem permissão pra tirar o coturno molhado. O cheiro e o aspecto que iam invadindo a gente eram fora da realidade. Quando chegava a alvorada, eu sentia um alívio, apesar de saber que precisava dormir mais, porque a parte inferior do corpo estava congelada. O frio beirava o insuportável.

Era o penúltimo dia e a gente sabia. Nem a fome, o frio e a privação de sono tiraram a obstinação pela certeza de que estávamos mais próximos do que nunca de sermos paraquedistas de verdade, combatentes de elite. É claro que os paraquedistas perceberam, e isso piorou tudo:

— Urubu que quer usar boina, *boot* e brevê tem que pagar o tributo!

E assim a gente teve o dia mais puxado de todos, sob a chuva mais forte que pegamos a semana inteira. Se, nos outros dias, passávamos apenas uma vez pelos obstáculos, nesse dia passamos mais de três, tomamos varadas o tempo todo, e a água potável foi ainda mais racionada. Apesar de moído, minha cabeça estava mais tranquila. Tudo que eu ouvia eram as ordens ficando mais claras. Os exercícios já faziam parte de mim e, se tivesse que ficar naquele espelho do Vietnã mais tempo, eu iria pra cima, porque naquele momento veio a certeza de que eu conseguiria. Enquanto os castigos pioravam, minha paz interior aumentava.

* * *

Chegou o dia de deixar a serra. A descida não seria em formação, cada um desceria como quisesse. Os instrutores não tinham mais receio de alguém se perder porque estavam ao lado de paraquedistas combatentes, capazes de se virar em qualquer terreno. A tradição desde que o TIBC foi criado era a de o recruta tirar o coturno preto durante a descida, porque nossa principal motivação era pegar o *boot* marrom, abandonar o chamado pé-de-cão ou pé-preto pra nos tornarmos uma tropa especial, que dispensa apresentação. Basta olhar pro *boot* marrom e qualquer um é capaz de entender que seu dono foi escolhido pelo sangue e pela resiliência na ação.

O que eu mais queria era me livrar daquele pé-preto maldito, que não tirei por um segundo a semana inteira. Descalcei assim que pude e, quando olhei pro meu pé, não acreditei. A sola estava branca, com buracos e praticamente solta. Mas eu já tinha tirado o pé-de-cão, não havia maneira alguma de me fazer calçar aquilo de novo. Joguei o coturno negro na floresta com prazer:

— Vai que não te quero mais!

Só que agora eu sentia a terra e todas as pedras do solo. Era a dor de uma parte do pé saindo do corpo. Minha sorte foi que o sargento começou a entoar a oração dos paraquedistas. Tudo mudou. Foi uma das primeiras vezes que ouvia essa oração e o sentimento foi inexplicável. Ela tinha sido criada por um soldado francês morto em combate no Norte da África, em 1943. Quando acharam o corpo dele, essa oração estava escrita em um papel guardado no bolso. A partir de então, todas as tropas de paraquedistas do mundo livre passaram a usar a oração, que me salvou pela primeira vez. Tamanha foi a determinação inspirada por ela que só percebi que estava sem as solas dos pés quando cheguei à base da serra.

O pé é o calcanhar de Aquiles de qualquer combatente. Em nenhum curso há essa regra de não tirar o coturno, porque até o Rambo se ferra se não estiver com os pés em boas condições. Por isso, o TIBC é tão cruel. E é assim que tem que ser, porque não se pode humanizar alguém que vai ter que saltar sobre inimigos de verdade. Se ele não saltar nem combater, o resultado será a morte dos companheiros.

Entramos na viatura comemorando muito e chegamos diferentes ao 25º Batalhão de Infantaria Paraquedista, a minha unidade. Lá estava todo o batalhão nos esperando com o *boot* marrom, que calçamos em meio a um ritual. Não quisemos esperar: foi com sangue, terra, pedra e pele soltando mesmo! Usando meu *boot* de paraquedista, assisti à formatura liderada pelo comandante, recebi as boas-vindas e fui liberado.

Honestamente, eu nem sabia o que fazer. Não dava pra voltar pra casa com o uniforme. O cheiro era insuportável. Vesti a roupa guardada no batalhão e voltei no ônibus lotado. Fiz algo inédito na vida: dormi em pé sem nenhum controle sobre o sono e caí várias vezes. Não conseguia controlar as pernas. Quando cheguei em casa, não falei, simplesmente fui pegando tudo que era de comer e pus na boca. Antes de ir pro quarto, só ouvi minha mãe dizer:

— Marco, o que é isso?

E não respondi, porque naquele momento eu ainda estava renascendo.

Dai-me, Senhor meu Deus, o que Vos resta;
Aquilo que ninguém Vos pede.
Não Vos peço o repouso nem a tranquilidade,
Nem da alma nem do corpo.
Não Vos peço a riqueza nem o êxito nem a saúde;
Tantos Vos pedem isso, meu Deus,
Que já não Vos deve sobrar para dar.
Dai-me, Senhor, o que Vos resta,
Dai-me aquilo que todos recusam.
Quero a insegurança e a inquietação,
Quero a luta e a tormenta.

Dai-me isso, meu Deus, definitivamente;
Dai-me a certeza de que essa será a minha parte para sempre,
Porque nem sempre terei a coragem de Vo-la pedir.
Dai-me, Senhor, o que Vos resta,
Dai-me aquilo que os outros não querem;
Mas dai-me, também, a coragem,
a força e a fé.

CAPÍTULO 4

A verdade é que eu não entrei na Brigada Paraquedista pra ser mais um. Doei o corpo à farda e os pensamentos às missões para estar entre heróis. Pessoas que deixam de ser comuns porque acreditam tanto que podem mudar alguma coisa que se colocam à mercê da morte. O motivo é muito íntimo, visceral, não dá pra expressar com palavras. Nunca consegui responder ao espanto da minha mãe quando chegava dos treinamentos e acho que, mesmo hoje, eu não seria capaz de oferecer nada além de silêncio a uma pessoa que não conhece o horror de perto.

Passei dois dias em casa dos quais só me lembro de partes. Acordava pra colocar os pés na água com sal e sentia a dor da falta de pele nas solas, uma dor que me lembrava da infância, quando minha prima fez a banheira de salmoura. O iodo, a meia com pomada e a água salgada não fizeram o efeito esperado a tempo. A verdade é que já estava acostumado com a dor. É ela quem me lembra da vida. Convivo com a dor como todos os homens que escolhem missões maiores que si mesmos.

Foi engraçado ver a companhia chegando ao quartel. Todos mancavam muito. A gente andava com as laterais dos pés pra evitar usar a sola sem pele. Alguns dos companheiros foram pro atendimento médico, mas eu só precisei ir ao dentista pra trocar o maldito curativo, que, no frio do TIBC, me fez delirar de dor. Em alguns momentos, quando a pontada vinha mais forte, parecia que eu ficava fora do ar. Mais uma vez, não havia tempo pro tratamento. O melhor a fazer era adiar o problema.

Os exercícios de infantaria eram massacrantes. A marcha de combate, que antes era de 24 quilômetros, agora aumentou para 32, e com armamento coletivo. Meu pelotão era o de apoio, responsável pelas armas pesadas, e a gente tinha que carregar tudo aquilo: canhão 57, morteiro 81, metralhadora .50, metralhadora MAG e os fuzis. Um peso absurdo.

Como eu nunca tinha feito marcha naquelas condições, senti bastante a diferença. Incomodava muito, e esse era o objetivo: estávamos sendo moldados. Na marcha de tiro das armas coletivas, a restrição de água era mais severa. Quando parávamos, só podíamos beber uma tampinha de cantil, mesmo sob um sol massacrante. A recompensa vinha na execução dos tiros. Era muito lindo. Eu era responsável pelo morteiro 81, dividido em três peças: placa-base, tubo e bipé. O tiro que vem dele é de uma potência que dá gosto ver.

Todos nós éramos muito cobrados. Nada podia sair errado. Era preciso muita responsabilidade com a munição e com o armamento reais. Certa vez, um batalhão comum foi fazer um treinamento na mesma área onde a gente realizava os testes das armas coletivas e achou a placa-base de um morteiro 81. Por meio da numeração da peça, identificaram que pertencia à Brigada Paraquedista. Então, o comandante deles entregou diretamente pro Comando da Brigada Paraquedista. Ficou evidente o erro de controle, e foi gerado um Inquérito Policial Militar, porque tratava-se de crime. O mais grave, porém, foi um batalhão pé-preto ter consertado um erro da Brigada Paraquedista. Ficamos envergonhados e preocupados. O comandante determinou a detenção de toda a brigada por uma semana.

O esforço e a cobrança eram esperados; fomos treinados para sermos os melhores. Mas a detenção aplicada a todos, e não só aos responsáveis, me causou grande decepção. A rotina sem objetivos também se mostrou ruim. Um subtenente ordenou que tirássemos uma pilha de blocos de cimento do campo de futebol pra colocar perto de um muro. Fizemos uma coluna indiana e passamos o dia reorganizando os blocos. Na manhã seguinte, o subtenente ordenou que devolvêssemos os blocos ao lugar original. Fiquei muito puto porque entendi que era mero passatempo, sem a intenção de melhorar nada nem ninguém. Eu podia estar treinando tiro, salto ou tantas outras coisas, mas estava carregando blocos de concreto no sol sem motivo algum.

* * *

Enfim, chegou um exercício importante. O mundo tinha acabado de assistir à Guerra das Malvinas e, como todos os militares, devoramos as informações que chegavam sobre o conflito. A imagem da areia cheia de minas, as armadilhas e as histórias sobre a inteligência empregada por lá faziam a gente vibrar.

O comando de batalhão, sabendo disso, elaborou um treinamento na Restinga da Marambaia, cenário semelhante ao das Ilhas Malvinas. Poucos sabem, mas a missão dos paraquedistas ao tocar o solo é fazer uma cabeça de ponte que se resume a aterrar, reorganizar, avançar até o ponto planejado e neutralizar os inimigos que cruzem nossos caminhos. Uma vez nesse ponto planejado, o paraquedista mantém a posição até a chegada da tropa convencional.

No dia do exercício, saltamos no terreno e, como não havia inimigos, iniciamos uma marcha desgraçada, que durou três dias. Fizemos patrulhamento revezado na hora de dormir como se houvesse um confronto real. Descobri que, na Restinga da Marambaia, vivem todos os mosquitos do mundo! Não tinha um espaço no meu corpo que não tivesse sido picado. Incomodou demais.

Aí veio uma lição que só se aprende na realidade: todas as armas deram problema por causa da areia. A gente não percebe, mas a areia se desloca e entra nos fuzis. Todos travaram, um problema que custaria nossas vidas se estivéssemos em combate. A partir dali, entendi que, se fosse enfrentar uma praia de novo, eu teria que fazer manutenção nas minhas armas o tempo todo e ainda levar uma coifa protetora pra não entrar areia e comprometer a missão.

Quando voltamos ao quartel, tivemos que consertar o armamento danificado pela areia. No pátio da companhia, a gente colocou as capichamas no chão e começou a trabalhar sob o olhar do cabo mais antigo. Enquanto desmontava o fuzil, percebi que no mezanino havia um cara fardado de verde e com um gorro preto. Por onde ele passava, as pessoas esticavam o pescoço pra ver o tal militar.

Eu não podia deixar de saber o que era aquilo. Saí e fui em direção ao gorro preto. Subi um lance de escada até ver o cara, que conversava com alguém. Meus olhos bateram direto na caveira que se destacava no gorro dele. Meu corpo gelou. Nunca tinha visto aquilo. Aquela caveira tomou a minha alma. Eu queria aquilo, a caveira era o meu destino. Eu só precisava descobrir o que eles faziam e o que precisava cumprir pra conquistar aquele símbolo.

Voltei pra minha capichama e fui falando:

— Porra! O cara tá usando um gorro com uma caveira! Sabe o que é aquilo?

Ninguém sabia o que era. Perguntei a todos. Como não podia ficar com essa dúvida, me levantei:

— Permissão, cabo?

— Fala aí.

— Aquele oficial de gorro preto com uma caveira, sabe o que é aquilo?

— Ah! O senhor não sabe o que é?

— Não, senhor.

— Aquilo é algo que você nunca será — encerrou a frase com uma risada.

— Sim, senhor.

Quando eu ia me sentar novamente, tentando engolir a frustração, o cabo retomou a palavra:

— Deixa eu te explicar: aquele é um major Comandos. Você nunca será, porque o Curso de Comandos é só para oficiais e sargentos. Cabos e soldados não fazem o que ele faz. Por isso, você nunca será. Satisfeito?

— Sim, senhor.

Quando cheguei ao alojamento, comecei a digerir aquilo tudo. Eu sentia aquela caveira dentro de mim. Como assim eu não poderia ser um deles? Passando uma mão na outra, notei que não tinha mais sensibilidade nas palmas. Foi o caminho que eu tinha traçado até ali: a enxada que usei pra capinar os quintais dos vizinhos, a vassoura com a qual eu varria todos os dias, a horta que criei com o meu pai, exigindo tantas vezes que eu cavasse o chão com as mãos. Também era o poste que hasteava a bandeira, no qual me pendurei pra tentar não ser flagrado chegando atrasado à escola, foram as aulas de artes marciais que tive com os amigos, os cabos de aço da Cedae em que eu treinava perto da minha casa, e agora os blocos de cimento que carregava. Aqueles blocos me marcaram. Não pelo motivo que o subtenente queria, e sim por outro que ele não conseguiria imaginar.

Eu já era um paraquedista. O sonho e a vingança do meu pai já estavam realizados. Ninguém me pediu nada. Fui eu quem deu esses nomes para as minhas razões. Porém, até me deparar com a falta de sentido de ser um homem forjado pra guerra e ter que carregar blocos de cimento de um lado pro outro como se não tivesse a minha própria função no Exército Brasileiro, eu não havia refletido sobre o meu destino.

Ali eu comecei a separar a minha história da do meu pai. A partir daquele ponto, só havia o desconhecido. Era preciso confiar que aquele era o meu destino e que eu superaria muitos desafios. Precisava aproveitar que a dor já era indissociável do meu corpo, que já tinha conhecido o pavor nos treinamentos, que sabia que podia ir além e estava sozinho. Eu só tinha a minha vontade e os meus limites pra testar. Se aquele subtenente filho da mãe achava que eu precisava carregar peso pra merecer estar na Brigada Paraquedista, eu mostraria para ele que quem precisa de passatempo é quem não sabe definir o próprio destino. Eu já tinha o meu.

* * *

Partimos para a Operação Saci, a principal da Brigada Paraquedista. A expectativa era de que enfrentaria o Dia D em Pirapora, Minas Gerais. Saltaria sobre inimigos e lutaria, mas não havia nada disso, claro. Passamos os três dias cavando chão. O fuzileiro paraquedista tem que cavar tocas pra se abrigar enquanto os militares pés-pretos não chegam. O detalhe é que não dá pra levar pra guerra uma pá comum, então a gente cavava qualquer tipo de solo com ferramenta de sapa. Aquela terra era dura pra cacete e a gente cavou trincheiras que comportavam um homem em pé usando uma pá portátil de uns 40 centímetros. Sei que estava errado em imaginar que trabalharia como os personagens de filmes e livros de guerra, mas era assim que eu pensava. Por isso, a decepção e a frustração só aumentavam.

Retornamos ao mesmo tempo em que foi publicada a nossa qualificação definitiva, a 07/0001 do infante paraquedista. Eu era oficialmente o atirador do 3º Grupo de Combate do 2º Pelotão de Apoio. Numa das formaturas do batalhão, não sei dizer em qual delas, o comandante passou diretrizes do Estado-Maior, como era de costume. Naquele dia, foi anunciada a criação do 1º Batalhão de Forças Especiais, que precisava de voluntários cabos e soldados pra compor a unidade e fazer o Curso de Comandos, que formava os chamados gorros pretos.

Quando eu ouvi aquilo, tomei um susto maior do que quando o cabo disse que eu nunca conseguiria. O choque foi tão grande que quase me mexi na formação. Assim que acabou a formatura, corri pro alojamento pra gritar:

— Caralho! Eu não acredito! Quem vai? Quem vai?

A maioria não queria ir. Disseram que anunciariam o dia de inscrição pra gente dar os nomes. Eu estava esperando e contando os dias. A novidade era o assunto de todos. Fomos fazer uma atividade de tiro em Gericinó e ouvi um grupo falando sobre os caras que eram Comandos. As falas se repetiam: os Comandos eram fodas, saltavam livre, lutavam contra guerrilheiros na selva, contra os terroristas nas cidades, atiravam com precisão… Era a perfeição da guerra que eu sempre sonhei.

Um dia, eu estava aguardando a aeronave pra saltar no Campo dos Afonsos e vi um tenente admirado por todos os militares. Descobri que ele tinha sido desligado do Curso de Comandos. Anos depois, eu ouviria de um comandante que o desligamento foi uma grande perda para as Forças Especiais. Isso é inimaginável. Quando me dei conta de que aquele tenente tinha sido retirado do curso que eu queria fazer, falei com um amigo:

— Aquele curso é foda! O tenente é monstro: inteligente, condicionamento físico brutal, safo, disciplinado, bom militar… Se ele foi desligado, deve ser um curso foda demais.

Chegou o dia da apresentação. Todas as companhias estavam lá. O problema é que a maioria dos soldados tentava apenas estender o tempo no Exército e garantir o soldo porque já sabiam que não voltariam às suas subunidades antigas. As Forças Especiais não tinham espaço pra eles porque, pra entrar nesse tipo de unidade, só por vocação e determinação.

Ao todo, éramos cerca de 40 homens. Durante o deslocamento em direção à secretaria do batalhão, ouvimos de tudo. Os paraquedistas babacas berravam coisas do tipo:

— Vai pra lá se foder e não vai ganhar nada a mais, otário!

O mesmo capitão que anunciou a abertura de vagas pra voluntários foi quem recebeu a gente. Ele estranhou a quantidade e perguntou ao cabo mais antigo, que comandava o grupamento:

— Isso tudo? Pro Destacamento?

— Sim, senhor.

— Isso tudo aí? Tem certeza?

— Sim, senhor.

Todo mundo com cara de cu esperando o cara falar com a gente. Após um longo silêncio, ele perguntou:

— Quem aí não sabe nadar?

Ninguém respondeu.

— Estão surdos, porra? Quem aí não sabe nadar?

Silêncio.

— Tô falando, caralho! Quem aí não sabe nadar levanta o braço esquerdo!

O pessoal não sabia se atendia ou não, mas não teve jeito. Muita gente não sabia nadar e levantou as mãos. A maioria era do subúrbio, onde ninguém tinha condições de fazer aulas de natação. Eu aprendi com meu pai a nadar peito. Afogado sabia que não morreria. Fiquei na minha, mas meu amigo, que foi meu canga no curso PQD, não sabia nadar e quase levantou o braço. Quando eu vi que ele estava considerando, já o interrompi antes de começar a se acusar:

— Não levanta, não, rapá! Não, não, não!

— Porra, Marco, mas não sei nadar!

— Chega lá e aprende! Não levanta! Eu também não sei e vou!

E o que eu desconfiava era verdade. Assim que os caras levantaram o braço, veio o capitão:

— Pessoal que não sabe nadar já sai de forma. Volta pra companhia e fica por lá, nem se apresenta. Ouviu, xerife? Nem se apresenta porque vai chegar lá e vai morrer! O Curso de Comandos é todo dentro d'água! Se mandar NN pra lá, morre e aí colocam a culpa na gente. Nem vai. Tô falando sério.

"NN" era como chamávamos os "não nadadores". Mais de 30 desistiram! Ficamos só nove.

— Pessoal aqui sabe nadar?

— Sim, senhor!

Fomos autorizados a fazer a inscrição e marcaram a data de apresentação nas Forças Especiais. Quando chegou a vez de escrever meu nome, vi que a lista era muito pequena e tive a certeza de que eles não poderiam me recusar. Eu ia passar.

O Destacamento de Forças Especiais orientou a gente a se apresentar com o uniforme de passeio. Tínhamos que estar com trajes formais. Na época, esse uniforme era extremamente desconfortável, tanto a túnica quanto a calça. Era feito de uma sarja que espetava e parecia fibra misturada com urtiga, uma bosta pra ficar vestido. Por dentro, a gente usava uma camisa branca, a única parte confortável. O *boot* que a maioria tinha comprado era lindo porque o objetivo desse uniforme era nos deixar apresentáveis. Ainda bem que eu não tinha esse. O meu era o que a Brigada Paraquedista me deu, que usava pra servir e, por isso, estava mais amaciado.

* * *

No dia marcado, às onze da manhã, com o sol escaldante, chegamos ao prédio de um andar só. Os nove cabos e soldados do meu destacamento, somados com os outros inscritos, formavam um grupo de mais ou menos 200 candidatos. O cabo que estava no comando nos colocou no pátio. Passaram-se 30 minutos de silêncio, todos em forma, e ninguém do 1º Batalhão de Forças Especiais chegava. Com olhar fixo, sentindo o suor, o calor e a coceira da farda, permanecemos ali sem ideia do que aconteceria. Passou muito tempo, mais do que eu consegui registrar, até que apareceu um capitão. O cabo tomou logo a posição de sentido e perguntou se podia apresentar a tropa. O capitão não respondeu. Ele andou e encarou muito de perto cada um de nós. Só depois autorizou:

— Pode apresentar.

Ele estava com uma camiseta branca, calça camuflada, *boot* e o gorro preto com a caveira. Depois que o cabo apresentou a tropa, tomou a palavra:

— Grupamento, a meu comando! Grupamento, descansar!

O cabo pediu permissão e entrou em forma. O capitão ficou em silêncio e encarou a gente; foi andando para as nossas costas e sumiu do nosso campo de visão. Ficamos mais tempo sob o sol sem nos mexer e assolados pelo silêncio. Até que veio o grito:

— Grupamento, atenção! Grupamento, sentido! Grupamento, descansar! Grupamento, frente pra direita!

Quando a gente fez a frente pra direita, percebemos que ele estava no topo do barranco, de onde repetia sem descanso:

— Frente pra esquerda! Frente pra direita! Frente pra esquerda! Frente pra retaguarda!

Na última vez que fizemos a frente pra retaguarda, ele estava sem a camiseta, em posição de descansar:

— Retirar a boina! Retirar a gandola! Retirar a camiseta! Vambora, porra!

Começamos a tirar as peças. Surgiu um oficial na retaguarda da tropa, depois veio um sargento e começou a gritar pra deixar tudo que tirássemos à direita do corpo. E a pressão continuou:

— Grupamento, sentido! Direita, volver! Correndo! Curto!

Eu não acreditei! Correndo? Com aquele *boot* desgraçado que não foi feito pra correr e uniforme de passeio? Não teria fim, mas, como não tinha jeito, decidi ir pra morte. Seguimos em direção ao girante, que é uma área de instrução enorme, cheia de lama, atrás da Brigada Paraquedista, e começamos a correr ali no ritmo deles. Quem ficava pra trás era colocado de costas pra tropa e tinha que pagar canguru ou flexão.

O *boot* e o uniforme de passeio eram um sofrimento. Muitos desistiram. Os soldados mais antigos foram os primeiros a sair, porque já estavam acostumados com a vida mais tranquila dos veteranos, então não aguentavam mesmo. Parecia a seleção natural de Darwin, visceral. O mais impressionante foi que alguns conseguiram o objetivo, mas, mesmo assim, desistiram porque viram que era algo muito diferente.

— Não quero essa porra, não! — diziam.

De 200 militares, sobraram menos de 100 nesse primeiro momento. Conforme a gente chegava, eles perguntavam se queríamos continuar e anotavam nossos nomes. Mandaram que colocássemos o uniforme pra ir embora sem qualquer chance de usar o vestiário pra tirar a lama do corpo. O comandante da unidade surgiu, e o capitão perguntou se podia apresentar a tropa. Ganhou uma resposta rápida:

— Não quero conhecer esse bando, não.

Mas ele mudou de ideia ao ver um cabo mais gordo. Ele andou e ficou com o nariz colado no do homem:

— Seu gordo escroto! Você acha que vai conseguir alguma coisa aqui? Você vai comer merda. E sem sal, hein?

Era o comandante dos caras, o comandante dos gorros pretos, o Kid Preto, como era chamado por oficiais e sargentos.

A história já mostrou que a guerra é inevitável. O Rio de Janeiro mostra isso todos os dias, sem dizer oficialmente. Se a realidade é assim, era ao lado desses caras que eu queria estar. Minha missão era ser Comandos e combater com a caveira incrustada no gorro e na alma. O preço já não me importava mais.

CAPÍTULO 5

Não adianta dizer que você é um escolhido e não saber pra quê. A primeira coisa a compreender é que a parte física é só a barreira número um a ser conquistada. Eles retiram tudo que podem de nós pra que a gente entenda que nossos corpos, agora, não nos pertencem mais; pertencem às Forças Especiais. E, se a gente quisesse prosseguir, teria que navegar em volta do inferno no estágio pré-Comandos, pra só depois ver de perto como o tempo apodrece aqueles que pensam ser fortes.

Chegamos ao Destacamento de Forças Especiais, uma instalação bem precária. De acordo com os documentos, ali funcionava a Companhia de Ações de Comandos, mas, na prática, era apenas um capitão e um subtenente com duas viaturas ocupando uma área do destacamento. Diante daquele vazio, notamos que quem se formasse faria parte da história dos Comandos, pois seriam os homens responsáveis por tirar a companhia do papel e transformá-la em realidade. Não tinha armário, o local do banho alagava e a farda era apenas a nossa. Só depois eles arrumaram fardas verdes de instrução na Vila Militar. Afinal, a apresentação individual também era importante. Enquanto eu usava uma, lavava a outra, secava e colocava dobrada debaixo do colchão pra, com o meu peso, tirar os amassados. Tinha que lavar bem, porque eram cinco horas diárias de educação física. Nas nossas costas, brotava diariamente aquele suor branco com cristais de sal que rompiam as tramas do tecido.

Os limites das forças nunca eram testados sozinhos. As provocações eram incessantes:

— Acha que é suficiente ser paraquedista? Até cachorro salta de paraquedas!

— Acha que a diferença tá só no gorro preto? Então volta pra pequedê!

— Seu gordo escroto, você acha que com essa pança vai conseguir andar a noite toda com uma mochila de 30 quilos e mais um reparo da MAG no lombo? Posso apostar que você não dura dois dias no curso!

— E você, seu raquítico de merda! Qual o máximo de peso que essa carcaça miserável já carregou? PQD carrega mochila? Ah, já sei! Foi uma manta, ração pra três dias e outras daquelas merdas que PQD usa!

Honestamente não sei dizer o que era pior: quando eles falavam com a gente pra humilhar ou quando não falavam. A indiferença era sufocante e ainda assim descobriríamos que nem se aproximava das cargas emocional e física que seríamos obrigados a suportar pra completar o curso. Após a ginástica básica, vinha a corrida de 12 quilômetros com passagem por alguns obstáculos das pistas de cordas e de pentatlo. Como eu já era atleta, foi menos dolorido. O pior era executar a pista de cordas equipado e armado; três passagens com aquele peso todo eram animalescas.

Com pouco mais de um mês de curso, fomos pro Forte Imbuí, em Niterói, onde hoje é o Centro de Instrução de Operações Especiais. O foco era a água. Entre uma rocha e outra, havia um cabo de aço fixado, e abaixo dele o mar batia com violência. Ali, teríamos que fazer a transposição: o salto dentro d'água com tirolesa. Era mais assustador ainda com o mar agitado. Soubemos que um fuzileiro naval, o 02 do grupo, pediu pra sair do Curso de Ações de Comandos pra oficiais e sargentos que estava acontecendo ao mesmo tempo em que o nosso. Só o cenário e essa informação foram suficientes pra vários estagiários desistirem antes mesmo do início da nova fase.

O treinamento de natação era com o subtenente Gurgel, o calção-preto famoso por fazer qualquer um nadar bem. Em pouco tempo, todos estavam nadando equipados e armados. Aprendemos rápido o nado indiano, com um braço só, enquanto o outro segura o fuzil fora d'água. Foda. A noite chegava e eu caía na cama, desmaiava mesmo. Só acordava com as dores das câimbras noturnas. Foi muito difícil, mas a desistência nunca passou pela minha cabeça, porque o relógio não para e isso estava a meu favor. Sabia que o dia seguinte seria ainda pior, mas o gorro preto me esperava, isso ninguém me tiraria.

O rancho em que a gente comia era do 20º Batalhão de Logística Paraquedista, conhecido por ter a pior comida da brigada; o frango certamente era o pior do Exército, mas eu não queria nem saber. Como tinha muita fome, comia toda a pele e a cartilagem, só deixava o osso mesmo. A essa altura, já éramos monstruosos, já estávamos diferentes. A gente já fazia a desmontagem do fuzil em primeiro e segundo escalões; no primeiro, com os olhos vendados. Se algum soldado comum, ou, como falamos, um convencional, estivesse diante de nós, veria que nossa alma estava indo ao encontro da caveira e que éramos feitos de outro material.

Chegamos ao fim do pré-Comandos. Com a parte física amaciada, partimos pro Curso de Comandos propriamente dito. Sabíamos que ia ser foda desde o cerimonial até a brevetação, o momento glorioso em que nos tornaríamos caveira. Na primeira apresentação, eles já deixaram claro que o nível de exigência era a perfeição: inspecionavam homem a homem pra ver as condições do armamento, se a faca estava com fio, se a arma estava suja ou com pontos de ferrugem, se faltava algum kit, se a farda estava perfeitamente limpa e com todos os botões, se a barba e o cabelo estavam raspados, se o equipamento estava frouxo…

Eram muitas as exigências. Se alguma delas não estivesse totalmente de acordo, o aluno levava na hora a anotação "fato observado negativo" e pagava tributo depois. Isso era uma preocupação constante porque, se ele reincidisse nas falhas, a consequência era entrar em cheque e, caso não se recuperasse, seria desligado do curso, o que significava ser apagado do mundo. Afinal, sem ser Comandos, voltaríamos ao vazio do homem comum.

O Curso de Comandos não tem tapa na cara de aluno em cerimonial. Comandos não fazem isso por um simples motivo: bater na cara de alguém pra que ele aguente em silêncio é forjar um covarde, e esse tipo de gente não é bem-vinda. A crueldade era clara e presente em todos os momentos, assim como a dor, a exaustão, a fome e a pressão psicológica. Tudo pra que a gente aprendesse a ter frieza, inteligência, força e técnica pra encarar qualquer inimigo. Ter a crueldade inserida na pele é uma condição de existência. Se estávamos sendo construídos pra guerra, era com esses elementos que lutaríamos. Levar uns tapas no rosto, sem poder reagir, é fanfarronice de quem desconhece que o soldado existe só no combate.

* * *

O curso é extremamente técnico. As pistas de ação e reação, por exemplo, pareciam se multiplicar. Nós entrávamos nelas e surgiam vários alvos inimigos e amigos. As técnicas e os procedimentos tinham que ser corretos. A exigência era alta e o instrutor ficava no cangote avaliando. As instruções pareciam infinitas: armadilhas, comunicação, criptografia, armamento não convencional, tiros diurno e noturno, explosivos e demolição, munições, cálculo de carga explosiva de acordo com as estruturas, cargas explosivas submersas, orientação, topografia, carta topográfica, cálculos de declinações magnéticas de acordo com a data da carta, escalas, uso da bússola e uma porrada de outras coisas. Eram conhecimentos adquiridos em guerras como a do Vietnã e a Contraguerrilha do Araguaia.

À medida que as etapas evoluíam, eu descobria camadas mais profundas do inferno. A tradicional semana d'água batia à nossa porta. Fomos pra Niterói, onde o mar estava revolto e não pretendia colaborar. Entre as correntezas e vagas que queriam nos separar da linha de vida — um cabo curto de ancoragem que liga cada aluno a um cabo central maior, formando o que chamamos de espinha de peixe —, os instrutores gritavam, ensinando infiltração pela superfície equipados e armados e técnicas de desvirar embarcações emborcadas ou invadidas pelas ondas incessantes que as deixavam à deriva. Motores que davam pane, mãos nervosas que tiravam a água do mar com o caneco do cantil, um breu sem fim... Mesmo assim, nós tomamos a praia, fizemos contato com o elemento infiltrado do comitê de recepção e provamos que as lições incansáveis foram aprendidas.

Os dias passavam e o transtorno era familiar. O grupo enfrentava a turbulência do oceano como uma doença incurável. Nos sentíamos bem porque desafiávamos o mar e o vencíamos repetidas vezes.

Em uma ocasião, como de hábito, estávamos lutando em mais uma instrução de infiltração por superfície diurna. Nadamos contra a corrente e seguimos as ordens, mas, ao chegarmos à areia, o soldado Russel estava passando mal. Na verdade todos estávamos, mas achamos que ele estava diferente, e de repente o Russel desmaiou. A equipe médica entrou em ação. Dentro de pouco tempo, estavam fazendo massagem cardíaca. A viatura chegou e alguns instrutores foram com ele. A rapidez não foi suficiente. O soldado Russel morreu a caminho do hospital.

O nosso curso era real, a guerra estava entre nós e a morte era nossa companheira. Deu pra ver que muitos quiseram desistir ali, naquele momento. O soldado Russel era órfão, passou a vida em instituições e encontrou uma família na figura do Exército. Não havia ninguém tão importante quanto ele no grupo; éramos tudo pra ele. Depois, descobriu-se que tinha uma rara comorbidade cardíaca que não apareceu nos exames. Mas não importava a inevitabilidade da biologia. Ele foi o nosso primeiro homem a cumprir a missão até o fim da própria existência.

O capitão Cid sentiu a porrada e viu o pavor dos alunos. Ele fez um discurso sobre a palavra *chivunk*, que trouxe de um curso nas Forças Especiais norte-americanas. O capitão explicou que *chivunk* significa a porcentagem do cérebro que não é utilizada, mas que, em pessoas especialmente condicionadas, é ativada e oferece o último gás pro corpo exausto. Em vez de desistirmos, batizamos a nossa turma de Soldado Russel.

Não posso afirmar com certeza, mas acho que ali comecei a entender como o mundo é irreversível. Todos os dias, alguém acordava no inferno e, em algum momento, seria eu. O Curso de Comandos chamou essa realidade pra bem perto e me fez aprender a sussurrar no ouvido do ceifador: "Agora não, filho da puta. Volta outro dia." Eu estava gostando daquilo.

Depois que o Russel foi embora, encarei o fato de eu continuar no Curso de Comandos como um bônus, um tempo extra. A obrigação era não deixar passar nenhuma oportunidade. Sem tempo pra descanso, começaram as instruções intermináveis de lutas. A porrada comia e era no corpo inteiro. Os instrutores de artes marciais eram uns monstros. Eu nunca tinha visto tanta variedade de defesa e ataque. Combate corpo a corpo, contra um homem ou um grupo de homens, com bastão, com facas e com fuzil. Era o tempo todo.

Na avaliação, apresentávamos as técnicas que nos foram ensinadas. No dia do teste, os instrutores inventaram uma história: o desaparecimento de um rádio de comunicação. Eles me levaram pro interrogatório. Eu fui relaxado, pensando que era um procedimento fora da simulação. As perguntas começaram a ser feitas e, de repente, eu levei uma porrada no pescoço de um capitão que era gigante. Caído no chão, eu ouvia as perguntas:

— E aí, 67? O que você faz?

Foi quando ele falou o meu número que entendi que era um teste. Parti pra cima, tentei usar a técnica de abraçar as pernas, dei cabeçada no peito dele, mas, honestamente, não consegui nada. Além de eu parecer uma formiga perto do capitão, a porrada que tomei me fez levitar um bom tempo. Serviu pra eu ficar esperto pras próximas.

O teste de grupo foi ainda mais bizarro. Entrei num ambiente escuro carregando uma caixa pesada e, de repente, chegou um bando de homens com pedaços de pau na mão vindo pra dentro. Até aluno que era sumidade em artes marciais tomava porrada. Não tinha jeito. A apresentação no dia seguinte foi um show de horrores. Todo mundo com cara inchada, roxa, supercílios abertos, bocas cortadas, galo na cabeça… Aí o capitão Cid perguntou quem até aquele dia nunca tinha tomado um tapa na cara. Diante de quase todas as mãos levantadas, ele afirmou que agora todos sabiam o que era levar porrada e, dali pra frente, nenhum inimigo seria capaz de surpreender qualquer um de nós. Foi escroto, mas ele tinha razão.

* * *

Há três tipos de homem: o vivo, o morto e o aluno em Teste de Reação de Líder, o TRL. Chegou a nossa vez de passar pelo divisor de águas do curso.

A tradição diz que, após o TRL, se você perder, será pra si mesmo. A preparação no Maciço da Serra de Madureira é iniciada três dias antes com missões ininterruptas. Todos se tornavam, em algum momento, comandante, subcomandante, comandante de grupo, homem-carta, encarregado de material, homem-saúde, rádio-operador e assim por diante até que os alunos tivessem exercido todas as funções. Eram subidas e descidas constantes, carregando um canhão de 57mm sem recuo, dois morteiros de 60mm, duas metralhadoras MAG, e mais todas as munições, além de explosivos e o próprio fuzil.

Durante as missões, vão sendo restringidos o consumo de água, de alimento e o sono. Quem fosse flagrado bebendo água, comendo ou dormindo era desligado. Em seguida, começou o TRL propriamente dito: um dia inteiro numa bateria de testes de avaliação, em que éramos submetidos a situações complexas e estressantes de combate. Tivemos que liderar pra cumprir uma determinada missão. A perda de peso foi severa e a exaustão alcançou o limiar da morte.

Apesar do corpo magro, cada vez que a noite caía, eu me tornava mais forte. E, se eu visse o raiar do dia seguinte, já tinha conquistado algo a mais. Mesmo depois de ter passado pelo Curso de Paraquedista Militar e pelo tão famoso TIBC, aquilo ali era fora da realidade, era brutal. Eu tinha 1% da minha condição física, perdi 16 quilos, estava muito magro e com um cansaço tamanho que, pela primeira vez na vida, dormi e sonhei enquanto andava. Faltava carne no rosto, e as alucinações eram tão vívidas que eu acreditava nelas. Ainda assim, mesmo só me enxergando na retina dos companheiros que sofriam tanto quanto eu, tinha a certeza de que, se ordenassem mais uma missão, nós a cumpriríamos.

Foi nessa fase que percebi que o corpo não tem tanto poder quanto a nossa mente. E, se alguém acha que somos loucos, essa pessoa é que se mostra insana, porque não há ninguém mais sólido, controlado e calculista do que um homem que oferece o coração e a alma para os Comandos. Com o TRL concluído, eu era a prova disso.

* * *

Para iniciarmos a próxima fase, era preciso que voltássemos a comer. Fomos juntos pra primeira refeição, planejada pra fazer o corpo voltar a aceitar alimentos. Iniciamos com uma fruta e, em seguida, veio a sopa. Mesmo com o cuidado dos instrutores, teve gente que comeu muito rápido e vomitou. Mas o pior já tinha passado. Agora era o momento de colocar em prática as ações de Comandos, a essência de tudo.

O curso começa com a fase de operações, dividida em três grupos doutrinários: o Grupo 1, o Grupo 2 e o Grupo 3, e o objetivo era planejar e executar missões no sentido inverso, do alvo até o processo decisório. No Grupo 1, os Comandos aprendem como atacar o alvo a partir do Ponto de Reunião Próximo ao Objetivo, o PRPO. No Grupo 2, executam o planejamento da infiltração e a ação no objetivo. No Grupo 3, traçam o plano de exfiltração a partir da conquista do objetivo.

Tudo isso com munição e explosivos reais. Nós explodimos ruínas e disparamos diversas vezes. Era uma sensação de estresse grande porque o armamento era antigo e, se houvesse disparo acidental, o desligamento era sumário. Ao mesmo tempo, ter a responsabilidade de operar com equipamento de verdade demonstrava uma confiança plena dos instrutores em cada um de nós. Talvez por isso a minha turma tenha se saído tão bem nessa fase. Transformamos o receio em autoconfiança. Chegou a hora do campo de concentração, fase em que só são selecionados os homens que suportam um estado supremo de horror, que entendem o sentido do sofrimento e do sacrifício. Pra sobreviver à captura do inimigo e não entregar a própria pátria, mesmo quando se está à mercê da dor imposta por mãos adversárias, um Comandos tem que saber que está cumprindo na verdade a maior das missões: a de salvar sua tropa e seu povo. Por isso, o cenário é montado de uma forma bizarra. A gente sabe que é só falar uma palavra pra ser desligado e ir pra casa ter o conforto que a maioria pensa que merece. No entanto, só o que a gente enxerga são os inimigos que querem nos impedir de receber a caveira.

Os instrutores nos querem apáticos, putos, famintos e com falta de sono, à beira da insanidade. Eles querem nos levar ao ponto de ruptura, às últimas consequências, pra saber se seremos invencíveis de verdade. Afinal, o inimigo tem o direito de nos matar.

Parti pra essa missão mentalizando as histórias que lia quando criança. Meus pais tinham umas revistas com relatos de sobreviventes do holocausto. A que mais me marcou e, por isso mesmo, foi a que eu levei comigo pro meu campo de concentração, narrava a história *Dançando para o Anjo da Morte*, que tem como protagonista uma menina de 16 anos chamada Edith Eva Eger, a Edie. Ela foi forçada a fazer uma apresentação de balé para os nazistas no campo de concentração de Auschwitz-Birkenau no dia em que eles mataram seus pais. O médico carrasco, Dr. Josef Mengele, estava entediado e mandou os guardas prepararem um entretenimento. Uns prisioneiros formaram a banda que tocou a valsa de Johann Strauss, *Danúbio azul*, e a estrela foi a adolescente Edie.

Mais de 30 anos depois, ela relatou que naquele momento só quis viver. Então, fechou os olhos e dançou, o que a transportou por uns minutos para um grande palco, ao mesmo tempo em que seus pais eram queimados nos fornos do campo. Mesmo livre, Edie jamais se livrou da experiência. Basta conhecer uma dessas histórias do holocausto pra saber que a brutalidade humana existe e foi colocada em prática ao longo da história. Pra vencer esse tipo de dor, são construídos homens como nós. A encenação de um campo de concentração não foi casual; o objetivo era estampar o que há de pior no imaginário humano. É claro que Auschwitz é incomparável e, portanto, eu deveria respeitar e vencer o campo de concentração que me esperava. A minha única certeza era a de que seria brutal como todo inimigo deveria ser, e eu usaria o sofrimento de Edie como remédio pra resgatar a sanidade.

Começamos a primeira parte da missão e, no fim, sabíamos que seríamos capturados. A ordem era não reagir, porque fazia parte do planejamento sermos levados pelos inimigos até o lugar onde estava o grupo de pilotos que precisávamos resgatar.

A gente estava num território que era só mato e morro, bem próximo da Academia Militar das Agulhas Negras. Quando menos esperávamos, veio a tropa inimiga. Não resistimos, como era pra ser. Debaixo de muita porrada, com sacos fétidos em volta das cabeças, fomos obrigados a andar de joelhos com as mãos amarradas pra trás por mais de um quilômetro. Achei que meus joelhos nunca mais se recuperariam. O passado não importava mais, nem o presente. O alvo era o futuro e, por isso, não havia tempo pra pensar nas dificuldades.

Assim que entramos no campo, deixamos de ser gente. Éramos chamados de porcos por inimigos que não se importavam com a vida. Nós somos combatentes, somos soldados, não somos idiotas. Deixamos que eles acreditassem na nossa submissão, pois era o que deveria ser feito diante do incontrolável.

O cenário onde estávamos era uma réplica dos cativeiros da Guerra do Vietnã. Os inimigos cruéis diziam que a nossa missão era construir uma represa. Indiferentes ao frio de três graus, ao fato de usarmos trapos sem nada pra calçar, de estarmos comendo a lavagem que era jogada no chão e sendo molhados dia e noite, eles liam os nossos direitos:

— Trabalhem, prisioneiros, trabalhem! Colaborem, prisioneiros, colaborem!

Se o comandante chegasse e não gostasse do nosso trabalho, ele nos colocava na gaiola de madeira construída dentro da água gelada. Havia até cruzes pra pendurar homens de cabeça pra baixo, caso achassem necessário. De vez em quando, um deles escolhia um de nós e levava pra interrogatório. Havia um sistema de som que ligava a sala de interrogatório a um alto-falante na margem do riacho, instalado pra que ouvíssemos os gritos de dor que vinham lá de dentro. Mas os inimigos deveriam saber que, mesmo diante de todo esse horror, aquilo não passava de uma missão pra quem busca um lugar entre os gorros pretos. Depois daquilo tudo, desejaríamos mais, não tenham dúvida. Durante o interrogatório de um dos nossos homens, ele grunhiu, gritou e aguentou como um verdadeiro Comandos. A gente ouviu o que ele falou, que deu algumas informações, mas achamos graça porque o que disse não comprometia em nada o nosso planejamento. É isso que se faz na realidade. Ninguém é capaz de segurar uma informação pra sempre, isso é farofada de filmes e livros de ficção. A dor é pra todos. Por isso, nós somos treinados pra ir ao limite antes de dar informações vitais e, ainda assim, jamais dizê-las de uma vez, mas sim em camadas. Nunca se deve revelar de imediato que somos Comandos, por exemplo. Isso é morte certa pra todos.

Ele segurou o que importava, a gente sabia. A única coisa que preocupava era o quanto ele estaria machucado porque a gente tinha que garantir o físico pra fugir. O "porco infiltrado" ainda não tinha chegado pra passar o plano de fuga, as senhas e contrassenhas que seriam utilizadas na evasão, até rompermos as linhas amigas. Os inimigos o liberaram do interrogatório e ele apareceu pra trabalhar. Estava muito ferido, e a gente se comunicava com olhares. Os inimigos achavam que tinham vencido e nos fizeram cantar juntos o hino do país pra comemorar:

Avante, sempre avante Esboslávia,
E mostra ao mundo inteiro seu valor
Seus filhos estão prontos para a luta
No céu, no mar, na terra, onde for.
Esboslávia, seus filhos preferem morrer.
Esboslávia, seus filhos preferem morrer…
A viver sem te defender.
A viver sem te defender.
Esboslávia! Esboslávia! Esboslávia!

Entre pontapés e xingamentos por puro prazer cruel de um inimigo comum, a gente continuava a trabalhar. Passamos dias e noites vivendo o significado do lema que todos os Comandos do mundo levam consigo quando partem pra missão: "A morte ou o cativeiro." E era o momento do cativeiro. Isso já era estar no lucro. Os Comandos têm muito poder de fogo e de agressividade. Por isso, são o pior pesadelo de qualquer inimigo, mas, ao mesmo tempo, temos que entender que são sempre um grupo muito pequeno. Então, se a missão não for cumprida, restam o cativeiro ou a morte, e os dois têm que estar no sangue todos os dias.

A gente sabia que bastava pedir pra ir embora que todo aquele cenário ruiria em segundos e sairíamos pra ser alimentados e cuidados da melhor forma. Mas esse era um pesadelo que sequer passava pela nossa cabeça. Queríamos aprender com eles, chegar ao ponto de ruptura que beira a insanidade, pra aprender a ser aquele que, amarrado à cadeira e derramando sangue, ainda ri do esforço do inimigo inexperiente. Desistir não era opção pra mim.

Um dia, cheguei a me pegar com o olhar vazio típico de prisioneiro, imaginando como seria correr pelo mato e fugir. Essa era uma fantasia que todos tiveram em algum momento. Dos 200 que começaram o curso, sobraram 49 alunos. Éramos os escolhidos porque, apesar de tudo, quando cumpríssemos a missão, a lama grudada em nossos corpos cobriria o inimigo por inteiro.

* * *

O "porco infiltrado" chegou. Era um oficial Comandos que tinha feito esse mesmo curso com os homens que agora estavam no papel de militares inimigos. Ele chegou debaixo de mais porrada do que qualquer um de nós. O comandante Bóris Escrotóvsky era quem dava as boas-vindas:

— Camaradas, chegou um porco novo!

O próprio camarada Bóris usou sua espada de oficial, e a gente ficou surpreso porque, se ele estava fazendo isso com um amigo, imagina o que faria com um de nós. Não havia tempo a perder. Então, assim que a gente foi reunido pra dormir, o "porco infiltrado" passou o plano, as senhas e as contrassenhas. Tudo foi memorizado, caneta e papel não existiam. Era aquela noite, era ali que a gente não poderia falhar. Bastava ser capturado pros três meses irem por água abaixo e nos tornarmos indignos. Porém, se passássemos, seríamos aqueles que cumprem "qualquer missão, em qualquer lugar, a qualquer hora, de qualquer maneira". Estávamos à beira da exaustão, com muita fome, sem dormir, e o frio era tanto que já nem tremíamos mais. A impressão era a de que não conseguiríamos. Eis que começou o ataque da nossa tropa ao campo de concentração, e alguma coisa aconteceu na minha mente. Eu só queria fugir, e foi o que eu fiz, de acordo com o plano. Estávamos divididos em grupos de oito homens. Alguns travaram, congelaram e foram arrastados pelos companheiros; tudo muito bizarro, inacreditável e caótico. Corri, patinei pra subir no barranco do riacho, tropecei e caí em pedras. Minha roupa era um trapo, estava fraco, a pele dos pés e das mãos saíam por conta do longo tempo dentro d'água, mas não parei de correr. O corpo queimava. Era uma subida, não daria pra conseguir, mas eu consegui. A gente se perdia, se encontrava, havia medo de ser capturado, medo de ser vencido. A adrenalina estava em cada célula.

Chegamos ao primeiro ponto de encontro. Trocamos senha e contrassenha, recebemos roupas civis, um saco de suprimentos, um croqui e as novas senha e contrassenha, que deveríamos memorizar pro próximo ponto.

Estávamos agora no corredor de fuga e evasão, com tudo dando certo. Prosseguimos e, de repente, ouvimos uma viatura passando. Cada um se jogou pra um lado pra se esconder. Isso se repetiu várias vezes, e o pavor tomou conta de nós. Em um momento, o companheiro que estava com a sacola de suprimentos foi se esconder e caiu num barranco de uns 15 metros de pedras. Ele subiu de volta. Estava em condições, mas ficamos sem comida.

Foram quatro dias de fuga enfrentando chuva, vento, frio, medo e fome. A gente atravessou a Serra da Bocaina em direção a Lídice, onde estava marcado o resgate. Não sei explicar bem, mas tomamos aquilo tudo como real. Esses cem quilômetros que andamos pela serra e pela floresta me fizeram sentir a vontade de viver do conto que li sobre a Edie. Era muito pesado. Um companheiro tinha problema de câimbra insistente, e a gente ficava irritado com ele. Dava vontade de bater, mas a gente não batia, sabíamos que a raiva vinha da fome e da exaustão. Numa noite de tempestade, ficamos assistindo aos raios explodindo na serra. Foi um momento em que realmente percebemos que não tínhamos nada sob controle. De repente, a gente avistou uma luz lá embaixo:

— É uma casa! Bora lá! A gente dorme lá!

Nossa, como a gente demorou a chegar à casa! Estava me aproximando, quando notei que era um lugar bem humilde. Bati na porta. Um casal de idosos abriu, e aí, por um breve momento, saímos da simulação e explicamos que éramos do Exército Brasileiro e participávamos de um exercício. Eles estavam assustados. Um bando de homens carecas maltrapilhos e mortos de fome pedindo comida. Puta que pariu! Lembro-me do cheiro do bolo que a dona da casa tinha acabado de fazer. Ali mesmo na porta, ela trouxe a travessa com o bolo cortado. Comemos como porcos, enfiando tudo na boca. Eles se assustaram de novo. Deixamos pedaços pra eles. Mas, com os olhos arregalados, o casal insistiu pra que comêssemos tudo. Comemos. Perguntamos se havia algum lugar coberto no quintal pra dormirmos, e eles disseram que não:

— Só temos a nossa casa e o chiqueiro dos porcos.

A gente se olhou com raiva da ironia, mas aliviados porque o chiqueiro tinha teto. Pedimos pra dormir com os porcos e eles, embora confusos, deixaram. Chegamos encharcados ao chiqueiro. Vimos que havia sacos de aniagem. Tiramos as roupas e dormimos embolados.

Assim que amanheceu, partimos com medo de sermos capturados. Agradecemos ao casal e continuamos o corredor de fuga e evasão. Agora, era a sede que nos atacava. Que sede desgraçada! Um dos companheiros não aguentou e bebeu água de um riacho. Eu pedi pra ele não fazer isso porque tinham casas acima que com certeza despejavam esgoto ali. Ele nem quis saber. Por um milagre, não ficou doente. A cada ponto que a gente passava, surgia uma energia e prosseguíamos contra todas as probabilidades. No meio do caminho, senti um cheiro de fruta podre e, quando olhei, vi pés de jabuticaba carregados:

— Jabuticaba! Jabuticaba!

A gente correu e pegou todas as jabuticabas dos pés; enfiamos com casca e tudo na boca como animais. A fome era violenta demais. Caminhamos mais e trocamos a última senha. Conseguimos chegar a Lídice. Lá no alto estava o sargento A, um cara que até ali não tinha se mostrado nem um pouco acessível. Ele nos olhou e disse:

— É o fim.

A gente não teve reação. O sargento percebeu e apontou pro seu gorro dos Comandos, que estava pendurado em um bambu:

— Peguem o gorro e coloquem na cabeça pra sentirem o gostinho.

Eu peguei o gorro como se estivesse pegando um cristal. Coloquei na cabeça, passei a mão na caveira, senti a caveira. Desabei. Chorei. Não sentia mais fome. Passei o gorro pro companheiro e assim fomos voltando à realidade, um a um. O sargento olhou o relógio. O tempo estava fechado. A gente dividiu alguns biscoitos que ele nos ofereceu. Como havia muita neblina, acreditei que o helicóptero que nos resgataria não chegaria. Acreditei por uns segundos que nunca tinha conquistado aquilo tudo e, apesar de ter comido alguns biscoitos, eu ainda sentia a dor que a fome me causou por tantos dias. As emoções estavam muito misturadas. Meus pensamentos foram interrompidos pelo barulho inconfundível do CH-33 Puma da Força Aérea Brasileira. Em meio à névoa, o helicóptero surgiu criando um clarão, e eis que eu soube que ia pra casa: pra casa dos Comandos.

CAPÍTULO 6

Voltei ao Batalhão de Forças Especiais pra enfrentar um dos problemas que escapava das minhas mãos: a estabilidade. Faltavam dois anos pra decisão sobre a estabilidade sair e meu nome já estava na lista, mas o comandante das Forças Especiais queria se certificar a meu respeito. Chamou o chefe da equipe de tiro pra conversar porque ele estava sempre ao meu lado. O chefe voltou da conversa agitado e me deu uma missão incomum:

— Você vai ter que fazer alguma coisa que o coronel veja. Ele está conferindo nome por nome pra ver se mantém na lista, e qualquer peido é motivo pra ser riscado.

— É só mostrar meus tiros!

— Não. Isso ele não vê. Só os resultados. Tem que ser um trabalho em que ele te veja o tempo todo, veja que você tá tranquilo, ajudando o batalhão.

— E o que pode ser?

— Já sei. Tem um jardim na Força Dois que tá largado. O coronel já reclamou da zona que tá lá e ninguém fez nada. Você vai cuidar daquela porra.

— Pô, do jardim, capitão?

— É o jeito! A Força Dois fica na entrada do batalhão. Ele vai te ver todo dia! Vai!

Fui pro tal jardim. Realmente estava uma zona. Cortei a grama, tirei as plantas mortas, podei o que tinha crescido demais e pintei as partes que precisavam. Durante o tempo que passei nessa função, encarei por algumas vezes um monumento que tem lá na tentativa de descobrir o que era, mas não consegui. Entre um trabalho e outro, perguntava pra quem eu podia o que era aquilo. Ninguém sabia. O jardim ficou bem arrumado e eu saí de lá com duas dúvidas: o que era aquela obra esquisita e se estava, de fato, sendo visto pelo coronel. O jeito era entubar e encarar qualquer missão, de jardins a selvas.

* * *

A gente estava jogando bola quando o corneteiro deu o toque de reunião de oficiais em acelerado. Em seguida, ele veio até o campo e avisou que havia ordem pra que aguardássemos na companhia. Ao voltar da reunião, nosso comandante avisou que deveríamos ir pra casa pegar roupa e material pra estarmos preparados pra uma missão na selva sem previsão de retorno. No batalhão eu já tinha meu *boot euskadi* e todo o material americano, o que me rendeu o apelido de Ranger. Já em casa, peguei algum fardamento, coisas pra completar meus kits, e preparei meu farofão, não esqueci nada. Quando estava saindo, verifiquei se levava o espelho de sinalização. Não dava pra ir despreparado.

Voltamos ao batalhão e recebemos a notícia de que o Exército Venezuelano tinha derrubado um avião de garimpeiros brasileiros dentro do nosso território, mas o inimigo dizia que era na fronteira. Claramente um ataque em nosso país na região em que temos ouro com 97% de pureza. A Polícia Federal não ia pra lá sem helicóptero porque o terreno é hostil. Na verdade, ir pra lá sem treinamento ou conhecimento, como faziam os garimpeiros, era uma missão suicida.

Fomos em três equipes operacionais de Comandos com a missão de localizar e destruir pistas de pouso clandestinas na área dos ianomâmis, interceptar garimpeiros e informar pra saírem voluntariamente. Se não saíssem, a ordem era prender e enviar para a Polícia Federal e checar a informação de extermínio dos ianomâmis por garimpeiros. Também havia a possibilidade de flagrarmos garimpeiros venezuelanos armados, que

Bebê Marco no colo da mãe, juntamente com o pai e seus dois irmãos em Copacabana. Rio de Janeiro, início de 1965.

Ainda como recruta, na fase de internato, no 25º Batalhão de Infantaria Paraquedista.
Vila Militar, Rio de Janeiro, 1983.

Recebendo o diploma de Melhor Atirador do 1º Batalhão de Forças Especiais. Camboatá, Rio de Janeiro, 1987.

Em posição de tiro, com um fuzil HK (Heckler & Koch) PSG1 (sigla para rifle de atirador de precisão, em alemão), durante as instruções de pista de combate em localidade. 1º Batalhão de Forças Especiais. Camboatá, Rio de Janeiro, 1989.

Diante de uma lista de criminosos do círculo mais próximo do líder da gangue Pierre Belony, neutralizados no "batismo de fogo" do Dopaz. Porto Príncipe, Haiti, dezembro de 2006.

O descanso após uma noite de combate, com o fuzil M24 Sniper Weapon System da Remington (Estados Unidos), na caixa d'água da Casa Azul. Porto Príncipe, Haiti, janeiro de 2007.

Confraternizando com um menino local no Ponto Forte 16.
Porto Príncipe, Haiti, 2007.

Com seu lendário *shemag* (lenço árabe cujo objetivo é proteger quem o usa de condições ambientais adversas). Presente de seu irmão Júlio César. Porto Príncipe, Haiti, 2007.

Caixa d'água da Cité Soleil (principal favela de Porto Príncipe) vista pela luneta do caçador do Dopaz (Destacamento de Operações de Paz). Haiti, 2007.

Após salto de adaptação ao paraquedas "tipo asa" (stratus cloud), ZL (zona de lançamento). COP, Barra da Tijuca, 1987.

Empunhando um fuzil HK PSG1, no 1º Batalhão de Forças Especiais. Camboatá, Rio de Janeiro, 1989.

Despedida do 6º Contingente do Dopaz no Aeroporto Internacional Toussaint Louverture. Porto Príncipe, Haiti, 2007.

Durante adestramento
de tiro do Dopaz 12,
na Casa de Matar do Brabat
(Batalhão de Infantaria
da Força de Paz).
Porto Príncipe, Haiti, 2010.

Em missão de Levantamento
e Estudo de Área (LEA) na
ilha de La Gonave.
Haiti, 2010.

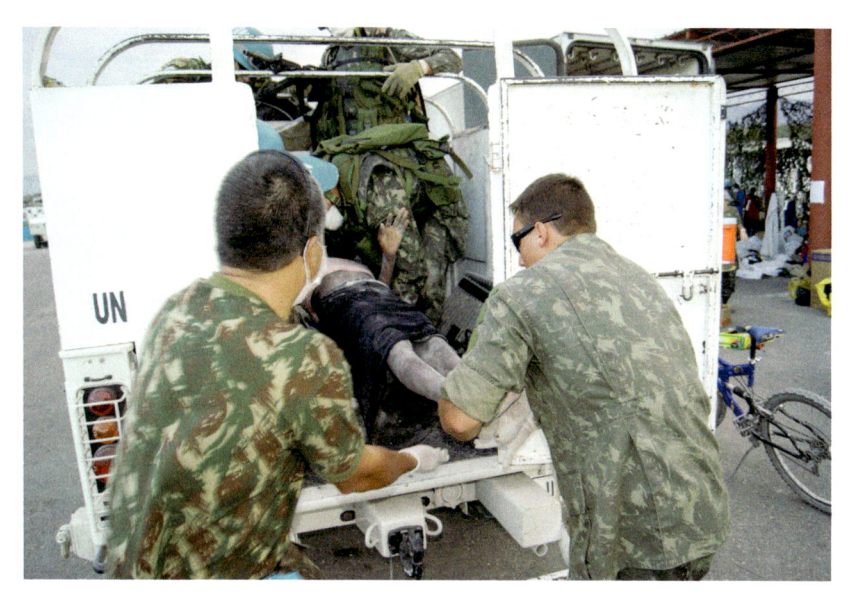

Durante o resgate de uma das dezenas de vítimas resgatadas com vida pelo Brabat, após o devastador terremoto de 12 de janeiro, que causou a morte de mais de 280 mil pessoas e deixou 300 mil feridos.
Porto Príncipe, Haiti, 2010.

Soldados durante instrução na Pista de Combate em Localidade (PCL), na área de instrução do 1º Batalhão de Forças Especiais.
Camboatá. Rio de Janeiro, 2011.

Quando o treinamento se resume a um movimento, um tiro e uma única chance, o *sniper* não pode errar. Neste momento é só ele, a arma e o alvo.

Com companheiros do Dopaz 6 a bordo do Hércules C-130, rumo à Missão de Paz no Haiti, em 7 de dezembro de 2006.

Durante instrução de transposição de curso d'água em tirolesa, no Curso de Ações de Comandos no Forte do Imbuhy. Niterói, 1984.

Diante da Aeronave Presidencial, atuando como membro do DCT (Destacamento de Contraterror) do 1º Batalhão de Forças Especiais. Base Aérea do Galeão, Rio de Janeiro, década de 1990.

Interagindo com crianças na Cité Soleil, no centro de Porto Príncipe. Haiti, 2007.

Base brasileira em Porto Príncipe. O Forte Nacional destruído pelo terremoto de 12 de janeiro de 2010.

Confraternizando com estudantes do ensino fundamental em Porto Príncipe. Haiti, 2010.

Efeito do terremoto de 12 de janeiro no Marché de la Croix-des-Bossales (Mercado da Cruz dos Escravos Africanos), apelidado de Cozinha do Inferno pelos militares brasileiros. Porto Príncipe, Haiti, 2010.

Abertura de cova coletiva para as vítimas do grande terremoto de 12 de janeiro. Ao todo, mais de 80 mil cadáveres foram enterrados em valas comuns para evitar que se decompusessem nas ruas da cidade. Porto Príncipe, Haiti, 2010.

Hospital improvisado no Batalhão Brasileiro de Força de Paz 12. Porto Príncipe, Haiti, 2010.

Rua arrasada pelo grande terremoto de 12 de janeiro, que deixou mais de 1,3 milhão desabrigados. Porto Príncipe, Haiti, 2010.

deveriam ser presos imediatamente. Todos os recursos disponíveis pra localização eram fotos aéreas, carta de navegação e o nosso treinamento. Quando minha equipe foi pegar as armas, foi definido que o efetivo teria dois fuzis: o ParaFAL pro grosso da tropa; e o PSG1, de precisão da HK, pro caçador. Mas fui contra. Disse que, naquelas condições que nos foram passadas, não seria possível levar o PSG1 porque era grande, pesado e sensível à umidade; o ParaFAL era mais adequado e ainda podia dar uma rajada se precisasse. Bastava acoplar a luneta OIP e fazer a regulagem. Concordaram, e isso já foi um sinal do que estava por vir.

* * *

Desembarcamos na selva. Todo mundo imagina a Amazônia plana, bonitinha. Mas a verdade é que não é à toa que ninguém chegava àquela região específica. O terreno era enrugado, um sobe e desce sem fim, muito difícil para se deslocar. Decidimos ir pelos igarapés porque os garimpos funcionam dentro deles. Andar o dia inteiro, desde a alvorada até o fim da tarde, é sofrido. A areia vai entrando no *boot* e dilacera os pés. Parávamos pra fazer a limpeza dos coturnos. Eu, como estava de *boot* com um sistema de filtro de areia, só fazia uma limpeza a cada três do resto do destacamento. Essas pequenas coisas fazem diferença porque tudo fica mais grave quando estamos na selva, e a necessidade de combate ou proteção está sempre à espreita.

A guerra é constante até com os horários. Quando chegava perto das 16h, começava o estresse. Mesmo sabendo que lá escurece cedo e ainda tem o horário da malária, quando os mosquitos-prego estão mais ativos no entardecer, o sargento era cabeça dura e esticava a caminhada em vez de parar de uma vez. Ele nos fazia andar até uns 30 minutos a mais e encontrar o melhor local pra montar a Área de Reunião Clandestina, a ARC, pra passar a noite.

Munidos da água do igarapé, a gente preparava a comida no centro da ARC e, em volta, em formato de círculo, montávamos as redes de selva.

O rádio-operador conectava o sistema e as antenas enquanto a gente ia agilizando o jantar. Era hora de tirar a farda e o *boot* molhados e botar pra secar, fazer a higiene com a pouca água que pegávamos do rio e vestir o que estava seco na mochila. Com o sistema de quarto de hora organizado, sabíamos quem ia estar de sentinela no centro com uma lanterna. À noite, na selva, não é possível enxergar dois dedos à frente do nariz. O sentinela, ou o da hora, ficava sentado porque, como há muitos arbustos com a altura de um homem, precisamos ver por baixo, em meio aos caules, pra conseguirmos enxergar e detectar um possível perigo. Por esse mesmo motivo, a posição preferencial de tiro nesse ambiente é sempre a agachada.

Há regra pra tudo. Um erro nos coloca em risco de morte. O sentinela, quando ia chamar o outro pra alternar a vigília, tinha que chegar com cautela, porque, se algo te toca naquela escuridão, a regra é reagir. Então, tínhamos um sistema pra nos identificar naquele breu. Dormíamos com a farda que estava seca e o par reserva de *boot*. Se precisássemos abandonar a posição ou combater, não daria pra enfrentar nenhuma das situações descalços e sem roupa. Daí a necessidade de termos tudo dobrado. Nas redes de selva, eu me enrolava de uma maneira que não dava pra identificar onde estava a cabeça, e havia motivo: a onça só ataca quando enxerga a cabeça, e era bom evitar que o bicho levasse a melhor.

Se tudo ocorresse bem, era hora da alvorada, do café e da desmontagem da ARC. Um dos momentos mais cruéis era colocar a farda e o *boot* molhados novamente porque estavam sempre gelados. Naquela região da Selva Amazônica faz muito frio à noite, e de madrugada nada seca direito.

Era o dia inteiro assim: tomávamos o café da manhã na alvorada e só parávamos pra comer novamente por volta das quatro da tarde, bem puxado. Mesmo nos dias mais calmos, sempre acontecia alguma coisa, como a vez que o tenente cortou um galho com casa de marimbondo e foi todo picado. Ou quando um companheiro mergulhou no igarapé pra ultrapassar uns troncos caídos e não voltou à superfície: foi resgatado pelo sargento. Ou ainda quando a gente montou uma ARC num terreno mais descampado e descobriu, só na hora de dormir, que havia ali uma família de onças que miaram a noite inteira ameaçando nos atacar. Enfim, a gente experimentava na selva todos os contratempos imagináveis, além de dor e desconforto.

Andamos mais alguns quilômetros e vimos uma pista clandestina com dois homens armados. Decidimos não abordá-los pra poder observar o que eles estavam esperando. Ficamos camuflados na floresta e vimos quando chegou o avião. Os pilotos não desligaram o motor, o que significava que tinham vindo só pra deixar mais material: bujão de gás, alimento e combustível. Fomos rápidos e nos dividimos: eu fiquei como caçador. Estava afastado, em posição pra efetuar disparo caso houvesse reação ou tentativa de fuga. Dito e feito. A equipe abordou os dois homens armados, que se renderam, mas os pilotos tentaram fugir. Quando começaram a andar com o avião, entrei na pista e apontei o fuzil pra eles:

— Exército Brasileiro!

Eram pilotos de garimpo. Chamamos a Polícia Federal, e logo chegou o helicóptero pra levar todo mundo. Ainda tinha muita missão pela frente. Voltamos pra rotina de avançar pelo igarapé. Já estava na hora de encontrar um lugar pra passar a noite, e o tenente disse que ia fazer o reconhecimento de uma trilha que tinha visto. Não gostei da ideia:

— Vai sozinho, tenente?

— Vou. É rapidinho.

— Tem certeza, tenente?

Ele nem me ouviu e se embrenhou na floresta. Como teríamos que esperar, aproveitamos pra tirar a areia dos coturnos. Achamos que ele andaria pouco, só que a espera começou a se alongar. De repente, ouvimos um tiro de pistola na direção em que o tenente tinha ido. Todo mundo levantou e começou a recolher o material pra avançar, só que o sargento interveio:

— Segura, segura!

— É o tenente!

— Espera.

Todo mundo de fuzil na mão, esperando a ordem pra avançar, até que a gente vê a poucos metros o tenente correndo com a pistola na mão, se atirando de um barranco pra depois cair no igarapé. A gente correu até ele, que gritava:

— Onça, onça!

Depois que ele conseguiu se acalmar, contou que estava caminhando e ouviu um barulho, mas não viu nada e continuou. Ouviu novamente o barulho, sacou a pistola e decidiu voltar. O problema é que ele não via nada. O barulho veio de novo e o tenente sentiu que não dava pra continuar. Ele se encostou numa árvore pra varrer com a pistola e encontrar a ameaça até conseguir localizar, a uns dois metros, uma onça agachada com as orelhas retraídas. O bicho estava muito bem camuflado e encarava o tenente. Ele sentia que ela ia pular, então disparou na direção da onça. Ela pulou pro lado. O tenente disse que a onça não foi atingida, mas não ficou lá pra conferir: saiu correndo e viu que atrás dele havia outra onça ainda maior e, um pouco mais distante, os filhotes. Os bichos trucidariam o tenente.

Expliquei que o instinto dele de se encostar na árvore o salvou. As onças, quando decidem atacar, têm uma estratégia: a fêmea fica na frente da presa fingindo se esconder, mas, na verdade, ela quer ser vista pra que a presa fique paralisada ou ande pra trás, onde a onça alfa está preparada pra dar o bote, começando pela cabeça. No caso do tenente, deu errado pro bando porque ele, ao se encostar na árvore, ficou fora do campo de visão da onça alfa. Além disso, o tiro paralisou os bichos, dando tempo pra que ele corresse. Acho que o tenente nem correu: voou! Nunca vi uma pessoa avançar tanto no ar quanto ele ao se jogar do barranco. Depois do nervoso, a gente riu muito. Naquela noite foi difícil dormir.

* * *

No dia seguinte, a gente notou uma alteração no igarapé enquanto caminhávamos. A água, sempre de tonalidade âmbar, começou a vir barrenta e avermelhada pela nossa retaguarda. Alguma coisa estava movimentando o leito do igarapé. Montamos uma espera na margem e, em seguida, dois garimpeiros se aproximaram. Eles se renderam, estavam em desespero. Contaram que fugiam de um ataque de índios ianomâmis e decidiram andar 350 quilômetros pela floresta até a capital Boa Vista. Nunca conseguiriam. Estavam praticamente mortos e sabiam disso: sem comida, sobrevivendo de castanha-do-pará e com um só cartucho de munição pra cada um se defender de onças. Entramos em contato com a Polícia Federal, que chegaria no dia seguinte. Um deles tremia muito, tinha febre e a urina preta. Era malária, com certeza. Como estavam sem condições físicas pra andar, montamos uma ARC por ali mesmo.

A gente tinha remédio. Demos a eles o que podíamos e dividimos a comida também. Estavam bem fracos. Conversei com o que estava mais doente durante um bom tempo e ele me perguntou se eu tinha soro antiofídico; eu disse que não. Ele achou um absurdo porque, se eu fosse picado por uma surucucu pico-de-jaca ou uma coral, até o helicóptero chegar, não daria tempo. Então, me mostrou um vidrinho com um líquido escuro e disse que aquilo se chamava Específico Pessoa, criado pelos pajés pra curar mordida de cobra, de escorpião, de formiga tucandeira e de um monte de outros bichos. Ele ensinou a quantidade pra beber de acordo com o bicho que ataca, garantiu que todo garimpeiro usava e me deu o vidrinho. Não acreditei muito, mas, como era um presente que podia ser útil, eu aceitei, e achei legal da parte dele.

Passamos bem a noite, os garimpeiros estavam se sentindo um pouco melhor por terem comido e recebido medicação, mas a malária abate muito. O garimpeiro que me deu o Específico Pessoa começou a piorar e foi atendido assim que entrou no helicóptero. Eu estava ajudando a colocá-lo na aeronave, quando ele apertou a minha mão e me deu o cordão que usava com um crucifixo de madeira.

— Rapaz, o que é isso?
— Toma, é seu.
— Não posso aceitar.
— Pode sim. Ele me protegeu até aqui e vai proteger você.
— Não posso!

— Se não fossem vocês, eu estaria morto. É meu agradecimento. Aceita.

Com aquele barulho de helicóptero, os militares do Batalhão de Aviação do Exército descarregando alimento e material pra gente, os garimpeiros doentes sendo colocados nos bancos... Estava uma confusão, e tudo se desenrolou muito rápido. Acabei aceitando e a aeronave decolou. Mostrei pros companheiros o símbolo do agradecimento.

A gente jogou três quilos de ouro apreendido de volta no rio, mas o que me impressionou foi ver um homem se desfazer de algo que era valioso para ele e me presentear. Fiquei com o cordão, pois aquilo representava muito. O tenente nos liberou a ração que o helicóptero trouxe para dar uma relaxada depois de tanto problema.

Os dias foram passando e encontramos mais pistas e garimpos clandestinos. Todos foram destruídos. Cadastramos dezenas de garimpeiros e descobrimos que a informação a respeito do extermínio dos ianomâmis não procedia. Na verdade, como eles são nômades, tinham migrado pro lado da Venezuela.

Já eram muitos dias na selva sem tempo pra banho, então, numa ocasião em que paramos cedo, resolvi me lavar num igapó. Tomei banho, limpei as roupas e usei um tronco caído no igapó pra sentar e lavar a farda. Saí de lá torcendo minha roupa e voltei de calção, *boot* e fuzil na mão pra ARC. No meio do caminho, comecei a sentir uma dor muito forte nas nádegas. Procurei picada, bicho e não achei nada. Deitei na rede e aquilo só piorava. Não aguentei e voltei lá pra ver o que tinha naquele tronco em que eu havia sentado: vi umas formigas vermelhas bem pequenas.

Saí do igapó e andei em direção à ARC, só que a dor tornou-se insuportável. Vomitei, era dilacerante. Assim que cheguei até a minha mochila, peguei o Específico Pessoa e, sem me preocupar em lembrar das dosagens que o garimpeiro recomendou, tomei a metade. Era um gosto que misturava vinho do porto, tabaco, suplemento vitamínico e álcool. Em segundos, a dor cessou completamente, um alívio inacreditável. Nunca recebi um presente tão bom como aquele.

* * *

Eu estava cada vez mais à vontade com a rotina e já sabia mais ou menos o que esperar da natureza, como, por exemplo, a chuva. Todo dia chovia na selva, mas de um jeito que não dava pra ver cinco metros à frente. Em seguida, abria um sol ardente, e às vezes a gente encontrava clareiras onde, em algum momento, tinha funcionado um garimpo.

Mas certo dia a natureza me mostrou uma coisa bem diferente no meio desse desmatamento que só traz sofrimento. Quando os pingos se tornaram escassos, fiquei diante da imagem mais bonita que já vi na vida: pousada em cima de uma das árvores secas, estava uma harpia. Ela era enorme, quase do tamanho de um homem, linda! Estava de asas abertas, se secando da chuva. Peguei a luneta do meu fuzil pra ver de perto. Meu Deus! Nunca vou esquecer: a cena valeu todas as dificuldades que passamos até ali. Agradeci a Deus pela oportunidade.

Completamos uma semana comendo somente a ração especial de combate. Claro que, quando ia comer, eu achava aquela mesmice uma delícia. Sempre monto a minha ração com farofa de bacon e carne seca, leite condensado, bananada, rapadura, sardinha em lata, açúcar cristal e pastilha de vitamina C, o meu refrigerante de laranja na selva!

Chegou o dia de combinar a partida do destacamento. O rádio-operador fez o contato e marcamos o local do resgate. Era a primeira missão real do Batalhão de Aviação do Exército. Passamos a última noite e, assim que amanheceu, partimos em direção ao lugar combinado. A aeronave sabia as coordenadas aproximadas, mas era necessário fazermos contato via rádio pra orientar o azimute conforme a nossa posição no solo.

O problema é que a Lei de Murphy está sempre presente. Então, pela primeira vez, o rádio-operador não conseguiu fazer contato. Até que a gente viu o helicóptero. Estava bem longe, parecia uma pulga, voava em direção paralela, não tinha como ver a gente. Começou a bater um desespero. Lembrei-me logo do meu espelho americano e, como tinha um rasgo de sol, resolvi usá-lo. Ele tem duas camadas de vidro espelhadas e um círculo transparente com uma tela no meio que concentra os raios de sol e forma um círculo de luz alaranjada que deve ser direcionado pro alvo. Foi o que fiz. Silêncio. O helicóptero mudou a rota, aproou na nossa direção e começou a se aproximar. Todo mundo festejou. Imediatamente o rádio começou a funcionar e a gente ouviu o piloto:

— Já avistei a posição de vocês. Pede pra parar com o espelho, tá cegando a gente!

A comemoração foi geral, coisa de filme. O helicóptero pairou sobre nós porque a zona era alagada e não dava pra pousar. Os pilotos vibravam muito! Começamos a colocar as mochilas na aeronave, alguns militares entraram, até que o alarme de peso foi acionado no cockpit do AS-565 Panther. Alguns teriam que aguardar na floresta. Combinamos que, por questão de segurança, quem deveria ficar e esperar a aeronave voltar eram o rádio-operador, o caçador (eu) e o comandante do destacamento. Mais três homens se voluntariaram a ficar e o helicóptero partiu com a primeira leva.

Parecia o Vietnã: barulho de helicóptero, lama, folhas, alarme soando e vibração. Esse resgate entrou pra história porque, se não estivesse com o meu espelho, teria dado muito errado. Duas horas depois, embarcamos e fomos pro Pelotão Surucucu. Lá tem uma tribo ianomâmi, fomos conhecê-los, conversamos. Pernoitamos e seguimos pra Boa Vista. Pousamos num quartel e seguimos num C-130 pra Manaus. Essa viagem foi ruim porque todo o destacamento passou mal. Com suspeita de cólera, a FAB não nos deixou embarcar pro Rio de Janeiro. Fizemos exames e só depois dos resultados negativos é que fomos liberados.

Na chegada ao Rio, comecei a apresentar sintomas de malária. Um hospital foi montado dentro do batalhão pra internar todo mundo porque só dois do meu destacamento não estavam contaminados. Peguei a forma mais severa, pela qual a pessoa se infecta com duas espécies do parasita *Plasmodium*: *falciparum* e *vivax*. O tratamento foi penoso, durou duas semanas.

Fiquei bem, mas ainda tinha mais sofrimento pela frente. A selva deixa muitas marcas. Apareceu uma ferida como se fosse uma espinha debaixo do braço. Lembrei-me das orientações: deixei criar uma casquinha, tirei e vi o formato de meia-lua. Horas depois, a ferida, que aparentava ser superficial, já era tão profunda que nela cabia parte de um dedo. Corri pro hospital e foi confirmado o meu receio: estava com leishmaniose. A picada de um mosquito infectado fez com que o maldito parasita agora vivesse no meu sangue. Afastado, fiz um ano de tratamento na Fiocruz. Entre as injeções diárias, os passos pra higienização e os remédios, eu tinha na cabeça uma preocupação tão importante quanto a sobrevivência: minha estabilidade no Exército.

Já era fim de 1992. A lista definitiva sairia no ano seguinte. Não aguentava mais esperar e fui ao batalhão conversar com meu comandante de companhia.

— Capitão, como está minha situação de estabilidade?

— Como assim?

— Eu tô fora, tô doente. Sabe como é, capitão...

— Você tem comandante de companhia! Tá de sacanagem comigo?

Fiquei sem fala. O choro subiu pela garganta.

— Marco Antonio, você já está estabilizado.

Eu tive muitos bons comandantes e, mesmo assim, duvido que outro fizesse isso por mim porque era a época da ECO-92 e o batalhão precisava de todo mundo em condições. Voltei pra casa mais tranquilo, apesar de saber que meu fuzil estava com um companheiro empenhado e eu, baixado em casa, cuidando da lesão que parecia eterna. Foi angustiante passar por isso tudo, mas não queria que tivesse sido diferente. Receber o apoio do comandante foi vital pra minha carreira porque esse é o Exército em que acredito.

CAPÍTULO 7

Não há nada fora do alcance de um Comandos. É como se tivéssemos a liberdade dos mortos em vida. Não há poder algum que interesse nem corrupção que seduza quem se compromete em defender sua gente. O nosso objetivo diário é simples: que o gorro preto com a caveira seja a última imagem que o inimigo veja. Eles não sabem onde nos encontrar, mas nós conhecemos até quem se senta à mesa de suas famílias. Quem escolhe um lado sempre tem algo a perder, e nós nos formamos pra deixar isso bem claro. Haverá uma guerra, como sempre há, e quem protegermos não será enterrado.

Nada mais ia me segurar, eu era o caçador e precisava ser o melhor pra garantir os soldados ao meu lado. Não esperei as autorizações que tinham que ser preenchidas pro treino de tiro contra alvos em movimento. Eu necessitava criar toda uma estrutura porque os alvos precisavam *correr*, e a solução foi usar roldanas. Demorou, mas eu montei tudo sem falar nada com ninguém. Estava estabilizado e mais ousado. Treinei muito. Meu foco era não ser só o caçador da equipe; queria ter a confiança dos meus companheiros, ser o caçador que garante o grupo. Queimei muita munição, e isso não passou despercebido. Meu chefe de equipe de tiro via meus resultados e quis conversar sobre uma ideia que só eu toparia: tiro sobre plataforma aérea, ou seja, tiro de helicóptero.

Ele estudou bastante, foi o primeiro a pensar a respeito dessa modalidade no Brasil. Por isso eu tenho que falar o nome dele: era o então capitão

Criscuoli. Ele fez um trato com os pilotos da Polícia Civil, que toparam a proposta por conta da inovação que mudaria a história de combate no Brasil. Toda vez que havia uma oportunidade de treinamento no nosso batalhão, ele ligava e os caras vinham com a aeronave pra gente treinar, uma loucura que deu muito certo. O primeiro calibre que testamos foi o 5.56x45mm, do fuzil M16, mas não funcionou porque o vento contra o helicóptero provoca um arrasto muito forte, e o coeficiente balístico desse calibre é anêmico. Então, partimos para um calibre mais robusto, o 7.62x51mm, do PSG1, e deu certo. Demos muitos tiros em deslocamento.

Os pilotos da Polícia Civil daquela época eram loucos! Eles faziam manobras que me deixavam com o estômago na boca, mas, como eu já tinha entregado minha alma, não me preocupava com a possível queda daquele troço e me concentrava na técnica. Um dia, eles chegaram dizendo que tinham uma manobra ideal pra dar mais oportunidade de tiro. A aeronave mergulharia e arremeteria de forma radical e, quando ficasse paralela ao limite do chão, subiria novamente até a altitude inicial, fazendo um pêndulo. Era nesse momento, antes de mergulhar novamente, que a gente dispararia nos alvos. Isso me deu uma autoconfiança incrível porque nada daquilo que estávamos fazendo tinha chegado aos registros dos livros aqui no Brasil. Eu sentia necessidade de exercitar disparos em alvos múltiplos e em distâncias variadas com compensação, pra anular o tempo de clicagem.

Quando já tinha "zeradas" as regulagens das torres de elevação e direção da mira telescópica, eu não só atingia o alvo planejado, como também outros que estavam em posições completamente diferentes, sem ter que ajustar nada. Isso é importante porque os alvos podem se expor de forma breve, podem estar em movimento e em distâncias inconstantes, e eu precisava estar preparado pra essas situações, mesmo porque não havia manual algum ou instrução sobre tiro de caçador no batalhão e creio que em nenhuma outra parte do Exército.

Queimei muita munição nos adestramentos, ajudei o batalhão a ganhar algumas competições nas olimpíadas da Brigada Paraquedista e cheguei ao nível em que eu queria estar: acima do convencional. Porém, eu tinha que levar esse estilo arrojado para as missões e essa era a parte mais difícil. Muitos anos depois, eu descobriria que o nome disso tudo que aprendi na insistência era "compensação tática".

No primeiro semestre de 1994, houve uma ameaça bem séria: a Polícia Federal entrou em greve e tinha um boato de invasão da Praça dos Três Poderes, em Brasília. Não dava pro Exército deixar passar: era inaceitável. Tínhamos a obrigação de mostrar que no Brasil há ordem. Acionaram a gente na correria. Era tudo assim, em cima da hora, pra não ter chance de vazamento de informação. Avisaram que era em Brasília, que a gente ia de preto e desceríamos de rapel. Puta que pariu! Nunca tinha descido de rapel com meu fuzil PSG1. Fiquei preocupado porque era uma arma muito grande, delicada e eu ainda não tinha *drag bag*. Fui pra torre da pista de combate da localidade e bolei às pressas uma amarração com as bandoleiras. Testei pra ver se dava pra descer sem danificar o fuzil e funcionou. Embarcamos no helicóptero AS332 Super Puma da FAB no horário marcado.

Na Praça dos Três Poderes, uma imagem ficou na minha cabeça: a bandeira do Brasil hasteada com aquele sol brilhando. Deu um orgulho sem tamanho. A aeronave pairou e a gente desceu de rapel. Bastou a nossa presença por três dias pra mostrar que ninguém poderia fazer o que quisesse. Missão cumprida com louvor, porque no país inteiro só se falava dos homens de preto que aguardavam qualquer movimentação desordeira pra entrar em ação. Foi muito impactante, mesmo tendo sido colocadas em prática só técnicas simples que aprendemos nas Forças Especiais.

* * *

Em setembro de 1994, a necessidade foi outra. Fui acionado pra ser o caçador da Operação Itamaraty. O presidente Itamar Franco ia receber 13 chefes de Estado no antigo Palácio do Itamaraty, no Rio, e o Exército precisava manter a segurança. A gente se preparou, dividiu o destacamento por funções, definiu os infiltrados e foi pra operação. Tomamos as posições bem antes de a festa começar. A imprensa estava lá, eram comitivas imensas e vários artistas também compareceram.

Eu via tudo pela luneta. Passei horas observando o evento, inclusive os capitães disfarçados, e sempre de olho se havia alguma coisa estranha. Era muita gente importante: os presidentes da Colômbia, do Panamá, da Venezuela, da Bolívia… Mas só me lembro mesmo do Carlos Menem, presidente da Argentina. E nem foi porque ele evitou cumprimentar o Itamar na frente do salão de jantar, mas porque levou a filha dele. Meu Deus! Que mulher linda!

Nunca tinha visto tanta comida. Era um banquete. Fiquei horas deitado registrando cada movimento das mãos, a aparência dos rostos, as expressões, e procurando o suor ou o inchaço da jugular que poderiam brotar na pele de um impostor que quisesse colocar a nossa soberania em jogo.

O banquete terminou, nada de diferente aconteceu. Estávamos recolhendo o material, e um companheiro desceu pra pegar uma água ou um refrigerante pra gente. Deu pra saber quando estava voltando pela gargalhada. A gente olhou na direção dele e viu que exibia um monte de garrafas de Veuve Clicquot que praticamente não tinham sido mexidas, só abertas. Ele as distribuiu, rindo, pra aquele bando de soldados cansados. Empolgado, outro companheiro resolveu descer também e voltou lotado de comida. Era queijo fedido, frios, pães, tanta coisa, que nem lembro. A gente comemorou a missão cumprida em grande estilo: bebendo champanhe no gargalo e brindando aos ratos do rei. Afinal, ninguém ficou sabendo que estávamos ali o tempo todo.

* * *

No ano seguinte, o cenário mudou. Éramos do time que atuava contra a cúpula do narcotráfico do Rio de Janeiro. Quando a Inteligência levantava alguma coisa do alto escalão da bandidagem, a gente era acionado. Ficávamos de plantão no Palácio Duque de Caxias e nos revezávamos com o Bope. Eram várias missões. Bastava a Inteligência descobrir alguma coisa grande que a gente ia, derrubava porta de condomínio, entrava nas casas dos criminosos — uma doideira que dava certo. O arroz com feijão, como sempre, ficava com a polícia convencional.

É delicado pensar na guerra quando ela acontece no quintal da nossa casa. Possuímos as melhores armas, táticas, técnicas e procedimentos que assombram o inimigo e temos homens que conhecem o que existe abaixo do inferno. Não há reputação porque somos fantasmas. Não é na fama que se obtém resultado, não para um Comandos. Fomos forjados pra pegar qualquer um em qualquer lugar, e a guerra do tráfico contra os cidadãos no Rio de Janeiro traz o equilíbrio que encontramos no curso: não há nada fora do nosso alcance porque, quando não existimos, estamos mortos. E, uma vez mortos, temos a liberdade desconhecida.

É preciso entender que somente dois tipos de pessoas matam com a pressão 12 por 8: o psicopata e o caçador. Tem que ser humano pra fazer isso direito, sem crueldade, sem sacanagem. Se houver o mínimo de desconfiança ou insegurança, não é pra fazer. Mas, se é pra salvar vidas, é bom fazer porque, se o inimigo sobrevive, nossa gente é quem morre.

Duas missões me marcaram porque tive que me superar pra conseguir executá-las. A primeira era pra prender ou neutralizar um bandido que dominava uma região chamada Manguariba, em Paciência, Zona Oeste do Rio. A ação tinha que ser na casa do cara, dentro da comunidade. Uma coisa que eu acho que hoje não daria pra executar. O capitão reuniu a equipe e explicou que precisava de dois voluntários pra entrar infiltrados na comunidade e fazer o reconhecimento da casa, do caminho, das rotas de fuga, e de cada porta e janela do imóvel do alvo. O objetivo era dar o máximo de informação pra equipe planejar a missão. Todo mundo ficou agitado porque esses dois caras entrariam às cegas e sem armas; a chance de serem identificados era grande. No meio da discussão, a voz de um sargento se sobressaiu:

— Eu sou voluntário pra fazer o rec.

A sala ficou em silêncio. Eu pensei no quanto esse sargento era arrojado e, por isso mesmo, no quanto eu confiava nele. Sabia que era o cara que, se desse merda, não furaria, e então decidi:

— Eu também.

Assim que ele saiu, a gente ficou se encarando sem saber o que dizer, dando um riso sem graça e fazendo piada de autoflagelo. Mas, como eu esperava, o sargento veio com uma boa ideia. Como a gente sabia que toda comunidade do Rio de Janeiro tinha uma senhora que fazia bolos, o sargento sugeriu que a gente fosse com o carro particular dele e parasse na frente da casa-alvo, onde perguntaríamos o endereço da boleira. Achei arriscado, mas possível.

Discutimos sobre levar ou não o armamento e chegamos à conclusão de que a opção mais segura era esconder duas submetralhadoras com supressor de ruído no carro de maneira que, se fôssemos revistados, não conseguiriam encontrá-las. Duas HK MP-5 SD seriam a nossa última alternativa no caso de dar tudo errado. Era hora da preparação.

Entramos no carro do sargento e fomos pela Avenida Brasil. No caminho, falamos algumas vezes em voz alta o planejamento e que o importante era manter a calma. Como combinado, entramos na comunidade, localizada um pouco antes da entrada pra estrada Rio-Santos. Fomos devagar e paramos em frente à casa. Demos uma sorte que nunca mais vai se repetir: a mulher do traficante estava na porta, e a gente não perdeu tempo:

— Bom dia. Falaram que aqui tem uma senhora que é boleira, é aqui mesmo?

— Ah, tem sim! Mas vocês estão na rua errada. A rua dela é mais pra frente...

Enquanto a mulher explicava o caminho da tal boleira, eu e o sargento analisávamos a casa, o portão, as janelas e as portas. Era impossível pensar em fotos, tudo dependia de gravarmos na memória. A mulher era bem-educada, a gente agradeceu e foi embora.

Voltamos no dia seguinte, já na operação. Eu fiquei em posição na pracinha em frente, e a equipe entrou na casa. Estava tudo indo bem, até que eu vi um homem subindo numa escada, dessas que a gente tem em casa pra fugir pela lateral. Era o meu alvo! Vi que ele colocou a mão nas costas, como se fosse pegar uma arma. Ele já estava "dentro" da minha luneta, mas eu não podia atirar enquanto não tivesse certeza da arma. O capitão veio e chutou a escada, o alvo caiu, sumiu da minha vista e eu só ouvia os gritos do capitão:

— Larga! Larga!

Depois, o capitão contou que ele caiu puxando a arma, mas, se o capitão atirasse naquele momento, pelo ângulo, ia ser nas costas do bandido, e isso não podia. Por isso ele gritou mais vezes e o cara acabou largando a pistola. Fez certo.

Com o ambiente controlado, entramos na casa. Eu usava balaclava. Então, quando entrei na sala, a mulher do criminoso não me reconheceu. Ela estava de roupas íntimas e de cabeça baixa. Evitei falar também. Eu tinha que vigiá-la enquanto a equipe vasculhava o lugar. Já que teria que ficar ali, peguei uma capa de sofá e a entreguei pra a mulher se cobrir.

Deu tudo certo porque sabíamos todos os tipos de fechadura, a quantidade de entradas e possíveis rotas de fuga. Nem foi preciso usar explosivos, correu tudo como esperado, tirando a escada de pedreiro que quase permitiu a fuga do alvo. É verdade que, se ele saísse, eu estava lá pra garantir que não iria longe, mas é sempre melhor quando o planejamento dá certo e a gente pode contar com uma equipe profissional que não se afoba diante do inesperado.

* * *

Nas Forças Especiais, é normal que haja receio de compartilhar informações. Muita gente atribui essa cautela ao Regime Militar, ainda recente na memória, mas a verdade é que a doutrina de compartimentação das informações gera maiores chances de sucesso nas missões. Era 1995, eu já tinha dois anos de estabilizado e sentia que confiavam cada vez mais em mim. Na Operação Rio 2, fui chamado de repente pelo oficial de Inteligência:

— Marco Antonio, prepara pra sair UU pra missão de caçador. Pega material, inclusive de pernoite.

Aquelas duas letras repetidas tinham um sentido claro: urgentíssimo! Peguei tudo e, por não saber o que me esperava, levei munição até demais. Quando estava fechando a mochila, vi o oficial encostando a Kombi descaracterizada pra me pegar. Entrei e seguimos. No caminho, o oficial apontou para o ponto de encontro dos bandidos e disse:

— Esse é o local do evento.

De forma instintiva, olhei para o lado oposto da caça, que é sempre o lado do caçador. Calculei a distância e fiz o mapa mental do melhor local pro tiro, uma colina a uns 400 metros do alvo. Só soube que nosso PRPO era a Academia Militar das Agulhas Negras quando a gente chegou lá. O oficial reuniu a equipe, explicou a operação e me deu uma foto:

— Esse é o traficante Uê. Ele vai estar com guarda-costas para um encontro marcado com os advogados. Qualquer alteração e tentativa de ferir nossa equipe, já sabe quem é quem, e você tem luz verde pra neutralizar.

Anotei os azimutes do ponto de observação — o PO — atrás da foto e pensei logo que, com qualquer alteração, o primeiro que passaria seria o Uê. O sol ainda estava forte, devia ser umas três da tarde, e o capitão estava preocupado em fazer o meu desembarque sem ninguém ver, porque com certeza tinha olheiro desde o início do dia pra monitorar o local e cancelar o encontro, caso algo fora do comum acontecesse. Havia pouco tempo pra conseguir me posicionar na hora certa do evento. Tive, então, uma ideia.

— Capitão, só há um jeito. Eu vou deitado na Kombi. Quando chegar perto do local, reduz a velocidade, e o senhor e o sargento abrem a porta e me chutam do carro em movimento. Dali eu rolo pra sarjeta, caio no mato na borda da pista e, a partir dali, é comigo. Faço a infiltração até o PO que já loquei.

— Tem certeza?

— Só tem esse jeito, vocês vão ter que me desovar.

Sem demora, entramos na Kombi, e eu fui deitado no assoalho, abraçado com o fuzil, protegido pela *drag bag*. Os pés do capitão estavam no meu tronco e os pés do outro companheiro, no quadril. Eu estava nervoso porque não tinha capacete, então o risco era bater a cabeça. Tinha que me concentrar. Deu o tempo, a velocidade diminuiu, a porta abriu e… que porrada! Absorvi o impacto com as costas e fiquei satisfeito quando percebi que protegi bem o fuzil. Nada entrou em mim, nenhum objeto pontiagudo, tudo certo.

Rolei pro mato e aguardei a viatura se afastar. Fiquei coberto de poeira e paralisado por um tempo até ter segurança pra começar a rastejar sem ser visto. Comecei o deslocamento. O mato não era tão alto, então foi preciso rastejar bem rente ao solo. Além da bússola, tinha como referência o barulho da estrada à minha esquerda. Eu sabia que precisava subir. Foram 200 metros. Cheguei um bagaço e agradeci a Deus por ter levado dois cantis com dois litros de água. Sequei a metade de um cantil e avisei pelo rádio:

— Punhal, é caveira!
— Prossiga, caveira!
— Em posição. Repito: em posição!
— Excelente!

Ao fundo do elogio do capitão, ouvi a vibração da equipe com a infiltração bem-sucedida. Estava preparado, esperando a caça. Faltavam 20 minutos pro encontro, mas nada aconteceu. Até hoje não sabemos o que houve, mas a suspeita é que o próprio vagabundo tenha desmarcado porque quebra de sigilo sabemos que não ocorreu. O motivo dessa certeza é simples: a operação era altamente clandestina. Peguei a foto e encarei aquele rosto:

— Será que algum dia vou passar esse infeliz?

* * *

Passamos por muitas outras missões em condomínios, favelas e casas. Setembro tinha chegado e eu estava me alongando depois de uma corrida. Aí, veio um sargento falar comigo:

— Ô, gafanhoto! Quer uma boa ou má notícia?
— Fala aí, sargento.
— Você já mandou fazer a sutache preta?
— Não, sargento.
— Então pede.
— Por que, sargento?
— Gafanhoto, você foi transferido pro Destacamento de Contraterror.
— Que isso!
— Acabou de ser decidido numa reunião. Vai ser publicado amanhã. Já até separei um armário pra você no alojamento dos sargentos.

Eu levei um tempo até acreditar. Um cabo sendo transferido para o Destacamento Contraterror na década de 1990! Era muita moral. Quando o destacamento foi criado, a composição era orgânica e só composta por oficiais e sargentos. Pra se ter uma ideia, a escolha da equipe tinha interferência direta do comandante do batalhão, que reportava as ações ao ministro do

Exército. Era pra poucos, e eu agora estava lá! Precisava digerir a informação. Enquanto isso, mandei fazer a sutache, que é aquela parte do uniforme com o nome e velcro pra colar no macacão preto.

Muita coisa mudou e, ao mesmo tempo, nada mudou. Continuei queimando munição no treinamento de tiros e cumprindo missões importantes, como a visita do papa em 1997. Começaram os rumores da mudança do batalhão pra formação da Brigada de Operações Especiais em Goiânia, e isso me perturbou. Eu estava indo pro segundo casamento, tinha minhas filhas da primeira união morando perto de mim e o sonho de que completaria 30 anos dentro das Forças Especiais. Não queria mudar de planos. Não mesmo.

Como a vida encaixa as peças sem que a gente perceba, recebi o convite de um Comandos licenciado pra trabalhar na segurança de um banco em outro estado. Eu precisava do dinheiro. Nunca havia pensado nisso antes, mas, como tinha me separado, precisava de grana pra construir minha casa, receber minhas filhas e mostrar que comigo elas sempre teriam o lar que mereciam. Já namorava minha segunda esposa, e ela me deu força pra eu pedir a Licença pra Tratamento de Interesse Pessoal, que não é remunerada. Fui até o coronel e expliquei a situação. Ele foi categórico:

— Quanto tempo você quer?

— No máximo dois anos, coronel.

— Pode ir. Dá entrada na documentação e, enquanto estiver tramitando, vou lhe concedendo as dispensas regulamentares.

Eu realmente tinha a confiança do meu comandante, nunca ia decepcioná-lo. Viajei pra outro estado e lá conheci as equipes. A maioria era composta por militares de formação especial que sabiam o que estavam fazendo. Mas tinha um cara sacaneado pelos demais: o D.A. Ele era grandalhão e só tinha formação de brigadista civil. Por isso, acabou virando alvo da turma com mais especialização.

Eu vi aquele cara deslocado e já pedi pra ele ser meu parceiro de trabalho. Lembro-me da expressão do D.A., com os olhos arregalados, sem acreditar no meu pedido pro chefe. Minha fama já tinha chegado até lá e, a partir do momento em que começamos a trabalhar em dupla, ele nunca mais foi sacaneado. O chefe precisava de gente infiltrada nas agências, de pessoas com capacidade de lidar com o público e fiscalizar os funcionários, com poder até de demitir gerentes. O D.A. sabia muito de serviço administrativo e a gente funcionou bem.

Durante os primeiros meses, não houve surpresa até que a Inteligência levantou a informação de que uma quadrilha planejava um assalto. Só não conseguiam descobrir qual seria a agência-alvo. Eu e o D.A. começamos a investigar. Pegamos as datas de entradas de valores e do montante. Tudo o que sabíamos é que seria perto do Natal. Fomos a todas as agências pra conhecer os sistemas de segurança: porta detectora de metal, número de vigilantes e obstáculos. Quando chegamos à conclusão de que poderiam ser duas, aprofundamos a questão dos valores. Descobrimos que uma delas receberia 400 mil reais. Era o maior valor, e a agência ainda não tinha porta detectora. Só podia ser essa. Fomos pra lá.

A agência funcionava numa universidade, o clima era leve e os funcionários estavam enfeitando as paredes de vidro pro Natal. A gente se apresentou à gerente, que ficou nervosa. Tratei rápido de conversar pra explicar que estava tudo bem, que era só um apoio, e o D.A. foi falar com os caixas, como era de praxe. Estávamos com roupas civis, com as armas nas costas, disfarçadas. No meio da minha conversa com a gerente, fez-se um silêncio repentino. Logo entendi que ia dar merda porque, quando vem o silêncio, em seguida chega a tempestade. Os assaltantes entraram e se espalharam gritando:

— Ninguém se mexe! Isso é um assalto!

O bandido já foi com a arma direto pro vigilante, que estava ao lado do D.A., só que, como a gente estava com roupa comum, o cara nem ligou pro D.A. e rendeu o segurança. Eu tinha um código combinado com meu companheiro: se a gente balançasse a cabeça, era pra reagir. A gente se olhou e não tinha como ser de outro jeito porque o vagabundo estava na frente dele. Balancei a cabeça, sacamos as armas ao mesmo tempo e disparamos juntos no criminoso. Joguei a gerente no chão e começou o confronto. Um bandido atirou em mim e eu revidei. O D.A. se abrigou atrás dos caixas e dali foi atirando na quadrilha. Eles começaram a fugir, sempre atirando, e acabaram baleando alguns clientes.

Rastejei até o banheiro, porque lembrei que todas as agências tinham janelas nos banheiros, e eu acertaria os bandidos daquela posição. Consegui chegar ao banheiro acionei o botão de alarme e descobri que era a única agência que não tinha ventilação. O jeito era voltar e ajudar o D.A. Voltei e ouvi gritaria da quadrilha:

— Os filhos da puta tão aí, sujou, não deu! Vambora!

Sabia que um vagabundo estava perto e dei de cara com ele, que tentou me acertar, saiu atirando que nem doido, mas errou. Atirei de volta e acertei; ele correu. Quando cheguei de volta ao salão, vi dois arrastando o primeiro que a gente alvejou porque todos saíram atingidos. Só não morreram porque os desgraçados estavam usando coletes à prova de bala.

Consegui alcançar o D.A. e expulsamos a quadrilha a tiros da agência. Fugiram cantando pneu. Quando garantimos que não havia mais nenhum criminoso ali, começamos a atender os feridos. Ainda bem que não tinha nenhum grave. As ambulâncias chegaram e, entre uma conversa e outra, paramos pra olhar a agência: estava destruída, com cápsulas espalhadas no chão, cheia de chumbo porque, quando a munição bate na parede, estilhaça e faz um estrago.

Chegamos à sala do chefe, que quis ver a gente depressa. Nem cruzamos a porta direito e ele já saiu perguntando o que aconteceu. Eu cheguei perto da mesa dele e passei as mãos no cabelo, deixando cair limalhas de chumbo na papelada toda:

— O que aconteceu foi isso, chefe!

— Que porra é essa?

A equipe logo apareceu na porta e o chefe começou a festejar:

— Vocês ouviram aquilo? Eles são os filhos da puta. Nós somos os filhos da puta, porra!!! É isso!!!

Foi uma vibração geral. O chefe fez um discurso e eu e o D.A. ganhamos prêmios. Um deles foi uma boa quantia em dinheiro de bônus pelo impedimento do roubo. Eu já podia construir a minha casa e receber minhas filhas. Não aguentava mais a distância. Tinha planejado ficar dois anos, mas, em menos de um, perdi a conta de quantas vezes tinha realizado a doideira de pegar um avião pro Rio, descer no aeroporto só pra buscar minhas filhas na escola e aproveitar as risadas e abraços até a casa da mãe delas, e voltar em seguida pro aeroporto para retomar o trabalho. A saudade era maior do que eu. Já tinha cumprido minha missão ali, era hora de voltar pro Camboja.

CAPÍTULO 8

Eu estava de volta ao orgulho e ao desconforto do gorro preto. Seguimos em missões. Já não me lembro de quantas foram. O tempo passou, eu havia me casado e tido duas lindas filhas, Ana Claudia e Ana Carolina. Depois me separei e precisei enfrentar a distância dos meus amores pequenos e imensos ao mesmo tempo. Pertencer às Forças Especiais tem consequências nos relacionamentos. É um trabalho que compromete nossas almas, e vamos estar longe de quem amamos com frequência. Isso dói pra cacete.

O divórcio aumentou mais essa fenda, que parecia cada vez mais aberta. Com o coração exposto, tive que pedir a tal licença pra trabalhar fora do Exército e construir uma casa pra receber minhas filhas. Conheci a minha mulher, minha companheira até hoje. Ela entendeu quem eu era e juntamos forças. Facilitou minha vida pessoal, trouxe um pouco de paz — algo que já tinha esquecido o que era — e me deu um terceiro filho, o Victor, de quem cuidei e aprendi a amar, mesmo não carregando meu sangue nas veias.

Eu recebia minhas pequenas na nossa casa e compramos um terreno onde construiríamos outra do nosso jeito. Mais um trauma pra conta, mais uma cicatriz fechada. Meus filhos significam tudo, e eu conquistei definitivamente o direito de trilhar a vida ao lado deles. Sim, não o tempo todo, não do jeito que planejei quando as meninas estavam na barriga da mãe, que um dia amei e ainda respeito. Mas, com as escolhas que fiz e a necessidade de estar com os Comandos, sabia que muita coisa seria diferente do que planejei.

É óbvio que qualquer homem que deseja um filho, uma família, como eu desejei, quer estar com eles. O problema é que o mundo é cheio de merdas. Eu sentia o cheiro do cabelinho dos meus filhos, mas tinha vontade de garantir que nada de ruim aconteceria com eles ou com qualquer outra família. Os olhinhos cheios de inocência que brilhavam pra mim eram a justificativa de todo o esforço pra proteger as pessoas que, apesar do mundo cruel, vivem cheias de amor. Eu precisava lutar. Eu precisava continuar. Agradeci a Deus pelas pessoas que Ele me deu e refiz a promessa de manter a sujeira longe delas.

Eu estava de volta às Forças Especiais. Sabia que o batalhão se mudaria pra Goiânia e me convenci a não ir. Desta vez eu não ia me distanciar. Não desse jeito. Fui transferido internamente da Companhia de Ações de Comandos pro Centro de Instrução de Unidades Especiais, o CIUEsp, e, depois, convidado pra Seção de Doutrina e Pesquisa. O coronel que me chamou precisava de alguém com experiência, que tivesse acompanhado a evolução das Forças Especiais, pra desenvolver a metodologia de ensino dos cursos, pesquisar material, armas mais adequadas e as necessidades do batalhão. Esse coronel não era Comandos e me chamou por reconhecer a capacidade que nós, Comandos, temos. Aceitei o convite, orgulhoso.

Em 2004, os rumores se tornaram realidade, o batalhão foi pra Goiânia, e eu fiquei. Estava desanimado porque muitos dos meus amigos tinham se mudado. Senti o peso do vazio sem a nossa sede próxima. Tudo que eu tinha vivido e pelo qual quase tinha morrido estava ali, mais perto. O lugar onde meu pai foi sacaneado e que tantas vezes encarei pra lembrar como meu esforço valia a pena. Estava perto dos 40 anos, as rugas nem tinham aparecido, mas já me sentia antigo demais nesse lugar que não me usava como arma há algum tempo. Porém, a vida, mesmo sendo implacável, nos dá alguns intervalos de felicidade. Fui promovido a sargento no dia 1º de dezembro daquele mesmo ano, uma data que fiz questão de celebrar.

Em seguida, pra dar uma quebrada nessa alegria, como sempre acontece, soube que a Missão das Nações Unidas para a Estabilização do Haiti estava sendo montada. Achei que eu seria chamado, mas a designação nunca chegava. Toda vez que saíam notícias de novas convocações, meu nome não estava lá. Mais tarde, descobri que havia um comandante que vetava militares mais antigos. Fiquei puto. Não via justificativa pra essa linha de decisão.

Certa vez, participei da formatura de brevetação de um Curso de Comandos e encontrei o coronel Barroso Magno por lá. Durante o coquetel, ele parou pra conversar com o tal coronel responsável por riscar os "antigões" das listas.

O coronel Barroso Magno é muito inteligente e logo sacou a situação. Enquanto ele bebia e conversava com esse outro coronel, me chamou:

— Ô, caboclo, vem cá.

— Força, comandante!

— O que você tá fazendo aqui? Me disseram que estavam mandando os melhores atiradores pro Haiti, então como é que você tá aqui?

— Pois é, coronel, mas nem sempre é assim, né? Força! Permissão pra me retirar.

— OK, vai lá. Boa sorte na próxima designação.

— Obrigado, Kid Preto!

Eu saí assim que pude, mas não sem antes testemunhar a cara de desgosto do coronel que tinha acabado de levar uma boa indireta do grande Barroso Magno. A verdade é que eu estava muito irritado, mas tenho disciplina e toquei a vida. O que me dava um oxigênio eram os saltos livres, os apoios aos cursos de Comandos e Forças Especiais e as raras demonstrações na pista de combate em localidade. O tempo passou, como sempre passa, e em 2006 recebi um telefonema do Barata. Ele tinha feito o Curso de Comandos comigo, era motorista de um general do Comando Militar do Leste e, por isso, tinha conhecimento das coisas, muitas vezes antes de todo mundo. Eu sabia que vinha algo importante.

— Fala, Barata!

— Fala, Ranger!

— O que você manda?

— Sabe quem vai ser o próximo comandante no Haiti?

— Não.

— O Barrosão! Acho que agora você vai.

— Caralho!

Desliguei vibrando. Logo depois saiu a designação pro Haiti com o meu nome, o do Bodão e o do Gaúcho, meus amigos Comandos. Dei um corridão pra comemorar!

* * *

Demorou até sair o documento de apresentação, mas eu já tinha começado a me preparar. Conversei com a minha mulher e com o Victor diversas vezes pra eles entenderem minhas razões de ir pra guerra sem hesitar. Fiz o mesmo com as minhas filhas, mas, claro, de um modo mais simples, prometendo que voltaria pra dar mais abraços e estar perto delas como todo pai deve fazer. Minha mãe não entendeu muito bem, não sabia a importância daquele país pra mobilizar o filho dela. Entre as muitas conversas, intensifiquei os exercícios físicos por conta própria.

Um amigo nosso, caçador, voltou pro Brasil no tempo livre que ganhou depois de um período no Haiti, e quis encontrá-lo pra saber o que estava acontecendo lá. Ele me deu as piores impressões — e eu ainda senti que ele se segurou, não falou tudo. Relatou ataques diários aos militares com emboscadas e tiroteios sem fim. Quando terminou, eu pensei: "É isso que eu quero porque serei eu, minha arma e o alvo." Só que ele começou a relatar um problema maior: a ONU impunha restrições múltiplas que limitavam o poder de reação. As tropas da ONU não podiam atirar em algumas ocasiões, não podiam agir contra um atirador se ele largasse a arma e não podiam andar sem ser no blindado, o Urutu. Entendi que precisaria preparar a mente porque, pra ficar tranquilo, eu necessitava da ordem pra executar. Mas isso era um problema pro futuro.

Foi marcada a apresentação em Goiânia, e eu queria mostrar que estava me empenhando ao máximo. No Exército, quando você passa da atividade--fim pro corpo de instrução, acontece algo difícil de admitir. A verdade é que, apesar da instrução ser vital, quem está nela é visto com certa desconfiança, como se não tivéssemos mais a capacidade de antes. Ainda havia outro fator: nós iríamos do Rio pra Goiânia, roubando — em teoria — uma vaga de quem era de lá.

Pensando nisso tudo, decidi ir com minha moto 350 pra base em Goiânia. Mesmo com a reclamação da minha esposa, eu fui. Só parei uma noite num pequeno hotel e, assim que amanheceu, continuei a viagem. Fui o primeiro do Rio a chegar e vi que causei impacto. Na guarda, ficaram procurando entender como eu tinha ido de moto até lá. Deu resultado.

Fui pro alojamento da Companhia de Ações Comandos Charlie. Começaram as atividades de preparação, que durariam cinco meses. E era mais um desafio pra mim, porque, ao contrário da tropa, que tinha uma escala de exercícios físicos de acordo com a faixa etária, ali eu não teria esse alívio. Aos 42 anos, precisava apresentar o mesmo resultado do menino de 24 anos. Brutal. Preparações técnica e tática de ponta, de três mil tiros de pistolas 9mm e três mil tiros de fuzil M4, fora os tiros com o fuzil de caçador M24. Dias inteiros executando entradas táticas na casa de matar. Adestramos nos módulos de tiro contraterrorismo e tivemos aula de francês e crioulo, as línguas oficiais do Haiti — o que já dá uma ideia de como é um país partido. Aprendemos que, pro mundo, o francês era oficial, mas a maioria da população falava crioulo, um dialeto do francês. A discordância dentro da sociedade haitiana começava pela fala. Começamos a avistar o topo do iceberg.

Também fez parte do treinamento, por ordem do coronel Barroso Magno, que preparássemos todo o contingente que ia pro Haiti. Coube a nós, Caçadores de Operações Especiais, treinar os caçadores deles, e isso deu um resultado muito bom. Eles ainda usavam o fuzil FAL com luneta OIP, que eu conhecia fazia muito tempo, e pude passar bastante informação. Identifiquei um garoto com sangue de caçador e avisei pros companheiros que ele ia se destacar. Era só colocar em ação.

Uma coisa que realmente fez diferença na minha preparação foi a opção desconforto. Escolhi usar capacete e carregar o equipamento com tudo dentro, o que a galera chama de "tudão", o tempo todo. Só tirava a arma e o capacete no rancho porque era obrigatório. Andar assim é necessário pro caçador entrar em posição rapidamente pra engajar o alvo. Treinava com tudo porque o equipamento é pesado, é desconfortável, os carregadores e a placa balística do peito atrapalham, o capacete complica a visada, o colete restringe os movimentos — inclusive da respiração, quando deitado — e, então, o natural é você querer se livrar de tudo na hora de entrar em ação. Eu não admitia ter esse sentimento no meio da guerra e paguei o preço de fazer as atividades com tudo completo e sob o calor de Goiânia. O resultado foi o melhor possível: eu não sentia mais o equipamento, era parte do meu corpo. A adaptação estava completa e agora eu tinha a vantagem que queria.

A única parte divertida foi o momento em que escolhemos nossos codinomes, um alvoroço. Entre gargalhadas, começaram as decisões de quem ainda não tinha codinome. O Bodão e o Gaúcho já tinham os deles. Já eu precisaria de um porque o meu, Ranger, tinha caído em desuso nos anos 1990. Em meio ao debate bem-humorado, ficou decidido que um se chamaria Laranja por conta do tamanho da cabeça; outro seria Capivara porque era igual a uma capivara; mais um seria Biscuit porque se parecia com um biscoito Trakinas e… fez-se um silêncio. Sabia que era a minha vez.

— Aí, sargento! Olha aqui o celular. O senhor vai ser o Assombroso, esse fantasma do Gasparzinho!

Todo mundo caiu na gargalhada, enquanto o telefone passava de mão em mão.

— Não vou ser essa porra aí, não!

— Sargento, o senhor tem duas opções: Assombroso, do Gasparzinho, ou o Fantasma do Metrô, do filme *Ghost*.

— Ah, não!

Bodão interrompeu:

— Vai ficar de melindre por causa de codinome, porra? Foda-se! Tu é feio pra caralho, mesmo! É Assombroso!

— Porra…

— Tu é feio, cara! Não tem jeito!

— Tá… tá… tá bom!

Acabou que gostei do codinome porque parecia ter sido escolhido pela minha performance, e ninguém precisava saber que, na verdade, era por conta de um filme infantil. Acho que, de alguma forma, o nome me incentivou a ressignificar essa escolha dos meus amigos. Mesmo sem querer, só com a intenção de a gente se divertir e rir, eles acabaram me dando mais uma meta: a de ser, de fato, o Assombroso.

* * *

Encerrados os cinco meses de treinamento, tivemos uns dias pra nos prepararmos pro embarque, marcado pra 5 de dezembro. O Gaúcho se empolgou com a história da moto, comprou uma e voltamos os dois pela estrada. Não fizemos paradas. Chegamos ao Rio no dia seguinte de manhã pra fazer as malas e deixar tudo preparado pra nossa ausência de seis meses.

Pouco depois, já encarávamos o início da viagem pro Haiti. A despedida foi marcante porque todas as famílias estavam lá. A Sônia, minha esposa, e o meu enteado, Victor, foram, mas as minhas filhas, não. Isso doeu. Eu tinha conversado muito com elas e pedi que, durante minha estada no Haiti, elas fossem até a minha casa pra falar comigo quando eu ligasse. Ali, no aeroporto, eu tive a esperança de me despedir delas e reforçar a importância do pedido, mas isso não aconteceu.

Foram cumpridos os protocolos, o comandante fez o discurso, e os abraços apertados com choros angustiados deram o tom das despedidas. Entramos no avião e desta vez tudo foi diferente. Quando saímos do chão, senti que descolei do meu país, e isso me fez fechar os olhos pra mergulhar nas minhas certezas. Elas tinham que mudar. A primeira coisa a fazer ali era matar a esperança. Porque, quando se tem qualquer esperança, acredita-se que alguém vai fazer algo por você. E isso, pro combatente, é fatal. A melhor chance que eu tinha de não voltar em um saco preto era assassinar a minha esperança ali mesmo, naquele instante, no avião. A respeito do Haiti, desde 2004, a Favela Cité Soleil tinha se tornado impenetrável: ali estavam as gangues mais perigosas do país. Além de serem criminosos que praticavam sequestros e assassinatos, eles representavam a resistência política do ex-presidente e ex-padre Jean-Bertrand Aristide, exilado na África do Sul após denúncias de corrupção, protestos civis e confrontos armados nas ruas, que deixaram cinco mil mortos.

O então presidente interino, Boniface Alexandre, autorizou a intervenção internacional da ONU por meio da Missão das Nações Unidas para a Estabilização do Haiti (Minustah), e o Brasil foi escolhido para liderar militarmente a operação, que contava com 6.700 soldados e 1.622 policiais de mais de 20 países. Ao todo, eram 1.300 militares brasileiros, substituídos a cada seis meses, que vinham de quatro companhias de soldados de infantaria, um esquadrão especializado em manutenção de infraestrutura equipado com tanques blindados (Urutus) e mais homens da Marinha e da Aeronáutica. De todo esse contingente, só 24 homens pertenciam ao Destacamento de Operações de Paz, o Dopaz, núcleo composto somente por quem era Comandos e Forças Especiais.

Desde 2004, somavam-se casos de torturas e assassinatos de civis, jornalistas e funcionários da Cruz Vermelha, encomendados pelas gangues que dominavam a favela. Nesse curto período, o presidente do Haiti já tinha sido trocado. O país vivia em ciclos de convulsão que se repetiam intermitentemente — palavras do diplomata Paulo Cordeiro de Andrade Pinto, embaixador do Brasil por cinco anos em Porto Príncipe.

A Força de Paz enfrentava a descrença dos próprios haitianos na conquista dos objetivos. Os soldados não podiam atirar em ninguém que não estivesse segurando uma arma. Não eram raros os casos em que criminosos alvejavam militares e depois jogavam a arma no chão, evitando o contra-ataque. Sem garantias, os moradores de Cité Soleil estabeleceram uma espécie de toque de recolher. No entanto, mesmo à luz do dia, havia o risco de ser sequestrado, já que os pedidos de resgate eram a grande fonte de renda das quadrilhas.

Cobrada e questionada pela população sobre a efetividade da Missão de Paz, a ONU autorizou em 2005 a operação Punho de Aço, comandada pelo general Augusto Heleno Pereira. Durante a ação, o chefe do crime Emmanuel Wilmer, conhecido como Dread Wilmé, foi morto e a tropa brasileira libertou dezenas de pessoas que estavam em cativeiros. Mas nada é simples quando se trata de Cité Soleil. Antes da invasão dos capacetes azuis, como eram conhecidos os militares da ONU, Wilmé, segundo a Inteligência do Exército Brasileiro, tinha ordenado a execução de aliados com tiros na cabeça para a culpa recair sobre a tropa, provocar reprovação internacional e diminuir a chance de uma futura intervenção no reduto do crime.

O ano da minha chegada ao país foi ainda mais conturbado. As eleições ocorreram em fevereiro de 2006, em meio a tiroteios diários e até sequestros de membros da Organização dos Estados Americanos, a OEA. Os militares estavam proibidos pela ONU de combater o crime. A justificativa das Nações Unidas era de não gerar mais confrontos e pôr o pleito em risco.

A tensão aumentou quando o general Urano Teixeira da Matta Bacellar, brasileiro de 58 anos que comandava a Missão de Paz, foi encontrado morto com um tiro na boca no Hotel Montana. Houve quem considerasse um assassinato planejado, mas o Exército Brasileiro confirmou o suicídio. De qualquer forma, naquele momento, os haitianos questionavam mais uma vez, por meio da imprensa e de manifestações, a efetividade da Minustah. A essa altura, os militares já não conseguiam andar nas ruas de Cité Soleil sem blindados e, ainda assim, eram atacados.

Em agosto de 2006, o premiê haitiano, diante do fracasso das tentativas de negociação pra desarmar as gangues, endureceu o discurso e anunciou que ia pro enfrentamento militar. Em resposta, houve o início de uma barbárie. Crianças e bebês dos próprios moradores de Cité Soleil foram sequestrados e, como as famílias não tinham dinheiro para o resgate, eles foram mortos e tiveram os corpos jogados em esgotos e lixões. Os criminosos também recrutaram quase 500 crianças-soldado pra aumentar as chances de resistir à invasão, que já se tornava iminente. Ao mesmo tempo, a TV anunciou o sequestro e a morte de oito universitários. Sob ordens de não executar operações, os capacetes azuis só faziam a detenção de suspeitos. Cansada, a população decidiu fazer justiça com as próprias mãos e matou o homem que acreditava ser o responsável pelas mortes.

A Força de Paz sofreu questionamentos internos. O temor de que vidas de civis fossem perdidas como consequência do enfrentamento às gangues não se mostrava mais suficiente pra justificar a permanência da Minustah. Foi, então, que o Conselho de Segurança renovou o objetivo da missão e exigiu do contingente militar a estruturação e a manutenção da lei, da ordem e da segurança pública. A nossa equipe de Comandos já estava a caminho.

CAPÍTULO 9

Assim que desembarcamos no aeroporto Toussaint Louverture, em Porto Príncipe, senti o vento quente, o calor que maltrata e dói nos olhos. O lugar é muito claro. O chão é rico em calcário e reflete a luz do sol forte. Um caçador não sobrevive lá sem óculos escuros. Fomos recebidos pelo Dopaz 5, do 5º Contingente, que nos escoltaria até a base batizada com o nome do general Bacellar. Levou um tempo pra tirarmos o documento de identidade na base logística da ONU, ao lado do aeroporto.

Com a parte burocrática resolvida, fomos pras viaturas. Estávamos com nossas armas, mas sem munição. A regra era pegar as munições só no batalhão, e é claro que a gente cumpria as ordens. Mas não é difícil imaginar o quanto incomoda desembarcar num lugar em guerra sem ter como atirar. O jeito era entubar e seguir em frente. Quando a viatura começou a andar, enxerguei o caos. Não havia semáforos, não tinham guardas, nada! Era a lei do mais forte, e assim iam os carros de qualquer maneira, subindo calçadas, fechando os outros, sem local de travessia e muita gritaria. A capital era cheia de *tap-taps*, picapes coloridas com as capotas adaptadas pra amontoar pessoas e fazer o transporte. Tudo inseguro e desconfortável. Parecia uma ficção. Não conseguia imaginar alguém vivendo ali.

Quando o caminho foi ficando mais próximo da universidade desativada que se tornou o nosso batalhão, a Base Bravo, a coisa piorou. Grande parte dos haitianos tem como religião o vodu e, por isso, não come o porco preto, ou *cochon noir*, como eles chamam o bicho. Mesmo passando fome, os haitianos não matam esse animal, que circula pelas ruas de terra, devorando o lixo espalhado por todo o canto.

Enfim, chegamos à universidade. Montaram um quartel muito bem organizado, que contrastava com a realidade fora dos muros. Apresentaram o lugar e depois eu, Capivara, Gaúcho, Jack, Tatu e Mickey fomos acomodados num quarto. Alojados e alimentados, fomos pro *debriefing* do Dopaz 5. Durou quatro horas sem intervalos. O comandante responsável pelas operações, o comandante da Inteligência e o subcomandante fizeram relatos das missões executadas, das lições aprendidas e da situação psicossocial.

Lembro que, quando acabou, saí da sala e vi uma fila de soldados pra usar o orelhão. Um garoto, que tinha acabado de ligar pra avisar que chegou, sentou na calçada e começou a chorar. Na hora, lamentei por ele estar desabando daquele jeito já no primeiro dia. Depois, parei pra pensar e também senti o peso de ficar afastado da família por tantos meses. Essa porra pesa. Mas não tinha tempo pra pensar na minha vida diante de um cenário daqueles.

Saímos às cinco da manhã pra fazer a confirmação da regulagem dos fuzis dos caçadores. Fomos acompanhados de três Comandos que já estavam lá há meses, e eles apontaram, no caminho, os lugares mais problemáticos. Passamos pelas rodovias Nacional 1, que separa os bairros de Cité Soleil do Cité Militaire, e Soleil 9, ambas com várias barricadas que impediam o acesso das tropas. Lá, vimos conflitos e pobreza extrema, miséria em sua forma mais crua. Começamos a entender o que enfrentaríamos. Corpos de bebês e crianças jogados pelas ruas em meio a porcos, que os comiam. Passei a mão na cabeça. Recebi aulas, ouvi amigos que lutaram no Haiti, tinha toda a bagagem histórica e fui forjado pra guerra, e por isso mesmo sabia que não tinha como tentar entender o que estava vendo.

Fomos para um lugar de colinas em Porto Príncipe que atendia às distâncias necessárias pro tiro de precisão. A gente ficou o dia todo lá. Fazer a clicagem das lunetas é muito importante porque o fuzil tem que estar regulado pra diversas distâncias. O ideal é que esteja ajustado até pelo menos o alcance máximo do fuzil. O caçador tem que fazer a verificação sempre quando troca de altitude, latitude, lote de munição, luneta, ou depois que a arma sofre algum tipo de choque. Ou ainda quando há grande variação de umidade e temperatura. Qualquer caçador tem que levar o ajuste do sistema de armas de precisão a sério.

Ao mesmo tempo, sabia que minha grande vantagem era não me limitar aos cálculos. Queimei muita munição experimentando, fazendo tentativas e errando nos treinamentos. Agora, como caçador mais antigo no Haiti, tinha experiência suficiente pra somar os cálculos ao que já sabia e estava gravado na cabeça. A clicagem, por exemplo, eu até anoto, mas guardo sempre na memória, e tenho certeza de que isso foi decisivo pra eu fazer a diferença no Dopaz.

* * *

Com a mudança de postura da ONU e o endurecimento do tom dos governantes do Haiti, as ordens também se tornaram mais contundentes. Iniciamos as missões sob o comando do coronel Barroso Magno, que de forma extraordinária concedeu a honraria de nomear o Laranja, comandante do Dopaz, de Kid Preto, nome que só o Forças Especiais mais antigo da missão recebe. Em troca, o coronel Barroso Magno, que era, na verdade, o Forças Especiais mais antigo e também comandante do Brabat, o *Brazilian Battalion*, passou a ser chamado de Kid Bleu, título inédito que marcaria não só as nossas vidas, mas também as dos haitianos.

A primeira missão foi de reconhecimento durante as madrugadas nas regiões Bois Neuf e Drouillard, que ficavam dentro do complexo de favelas Cité Soleil. Nove Comandos, usando equipamento de visão noturna e submetralhadoras HK MP5 SD com supressor de ruído, entraram a pé na favela pra localizar e calcular a profundidade das valas feitas pelas gangues, que serviam pra evitar a circulação dos urutus. Também fazia parte do objetivo reconhecer e fotografar a casa do líder criminoso Pierre Belony.

Foram quatro dias seguidos, e produzimos um mapeamento detalhado para a entrada e a saída das equipes quando fosse marcada a operação. Tínhamos o Checkpoint 21, um ponto forte ocupado por fuzileiros navais que servia como reforço, acolhimento pra reconhecimento e proteção pra barrar inimigos que surgissem na retaguarda. Tudo foi executado sem alteração.

Nenhum morador viu ou ouviu os homens do Dopaz nas ruas da favela. No dia 21 de dezembro, justamente no meu aniversário, aconteceu o ensaio do batismo de fogo. A gente estava no quarto quando ouviu o grito:

— Atenção, Dopaz, atenção! Preparar pra sair!

Saímos às pressas pra sala de aprestamento, nos equipamos e pegamos água, ração e o armamento. Disseram que não havia necessidade do fuzil caçador, mas eu o peguei mesmo assim. Entramos no blindado, e lá dentro passaram a missão. A infantaria do Uruguai tinha sido atacada. Um dos veículos atolou, e a equipe ficou encurralada. Momentos antes de desembarcar, recebemos a informação de que a equipe, por milagre, conseguiu passar pro outro blindado e recuou. O problema é que deixaram as armas, as munições e os equipamentos dentro do blindado abandonado.

Saímos do Urutu e demos de cara com um fuzileiro naval nosso caído, com um tiro na cabeça. Era muito tiro! Foi a primeira vez que pensei: "É isso mesmo que é missão de paz? Com essa ferocidade?" Sobrava tiro pra tudo que era lado. Avançamos para uma área de mata baixa, um breu danado, onde não dava pra enxergar dez metros à frente.

Acionamos os óculos de visão noturna e fomos em frente até que um companheiro avistou os bandidos com fuzis e metralhadoras abrigados num muro esperando a gente se aproximar. Passou a informação pelo rádio, e o comandante mandou retrair. Realmente, se teimássemos em avançar, eles iam queimar todo mundo. Mesmo sabendo que fizemos o certo, voltamos muito putos pro quartel.

Logo chegaram as notícias dos colaboradores. Os bandidos estavam bebendo, dando uma festa no blindado e desfilando com as armas dos uruguaios. Era hora de nos concentrarmos no reconhecimento do território. Fizemos um trabalho muito bom, e a gente sabia que daria pra voltar na hora certa e arregaçar os assassinos.

O pior de tudo é que essa merda aconteceu no dia do meu aniversário. Eu tinha que corrigir a situação, e me deram a chance 24 horas depois. Finalizamos o planejamento e fizemos um único ensaio. Com o tempo escasso pra missão, precisava ser impecável. Eram três equipes. A minha tinha que tomar uma escola abandonada, usada como ponto forte pelos vagabundos.

Os objetivos eram ocupar posições que possibilitassem a desobstrução da Rua Impasse Chavanne, a principal da Favela Drouillard, que faz parte do Complexo Cité Soleil, e capturar Pierre Belony.

A Engenharia estava pronta pra tapar os fossos abertos pelas gangues. Um dos objetivos da missão era esse, mas, para isso acontecer, a gente teria que tocar, sentir o cheiro e aprender a se sentir confortável no inferno por algumas horas. Estava tudo pronto, mas eu queria mais. Queria garantia pra fazer frente à agressividade deles.

Pedi ao Operações, o responsável pelo planejamento das missões, pra levar dois lança-rojões AT4, descartáveis e com um poder enorme de destruição. Só que a ação ia ser de madrugada, e esse armamento não tem sistema de iluminação no aparelho de pontaria. Com o breu que é a noite no Haiti, não teria como fazer um tiro NA, que é como chamamos o acerto no alvo, então bolei uma saída: peguei um bastão de luz química, quebrei no meio e passei o cotonete na substância luminosa. Em seguida, fixei a cabeça do cotonete na massa de mira do aparelho de pontaria. Fui pro escuro pra ver se funcionava. Ficou perfeito. Peguei os dois AT4 e entrei no blindado.

* * *

A chegada à escola foi pesada. Mesmo com Mickey na torre devolvendo os tiros incessantes dos assassinos, eu tive que usar os dois AT4. Graças ao sistema de iluminação de pontaria improvisado, venci a escuridão e fui certeiro. Como o lugar que o Sr. Wilson, nosso Operações Psicológicas, descobriu era muito melhor do que o local definido no planejamento, eu fui pra lá. Fiquei com a posição mais alta, numa escada, e de lá via o motivo do sorriso do Sr. Wilson. Era muito bandido vindo. Depois da operação, descobri que aquele local ficava em frente à casa que servia de esconderijo pro líder Belony. O plano deles era fazer uma barreira de fogo pro chefe escapar.

Foi só me posicionar pra começar a atirar. Usei a caixa de 20 cartuchos, toda a munição do carregador do M24 e mais as que levava presas ao apoio de bochecha da coronha, até sentir o tapa nas costas do Sr. Wilson, perguntando se não era hora de parar. Não era. Especialmente quando vi, de longe, os criminosos obrigando crianças a entrar no campo de batalha pra buscar as armas dos mortos.

Decidi, então, mirar nos armamentos pra inutilizar a estratégia dos vagabundos. Foi incessante. Dava tiro nas armas dos cadáveres, nos alvos que deveriam ser neutralizados e no armamento deles também. Parecia infinito. A polícia da ONU, com soldados chineses, passou atirando de metralhadora. Todo mundo começou a gritar no rádio enquanto caíam pedaços grandes de reboco na cabeça do Pandeiro. Olhei pra posição onde inicialmente eu deveria ficar e vi as paredes sendo rasgadas pelas metralhadoras .50 dos chineses. No rádio, o Bodão gritava que estavam atirando na tropa, que era fogo amigo. De repente, veio a notícia:

— Louco ferido! Louco ferido!

O inferno tinha chegado. Os inimigos atacavam sem parar e o fogo amigo impedia a gente de atirar de volta. Estava todo mundo deitado, com os projéteis passando muito perto, e o Pandeiro já debaixo de um monte de concreto. Perdi a paciência:

— Bodão, se eles não cessarem, eu vou abater o atirador deles! Senão a gente vai morrer!

Kid Preto assumiu a transmissão no rádio e deu ordem pra polícia da ONU parar. Ele recebeu uma resposta que não tinha nada a ver com o jeito como o Exército Brasileiro lida com problemas:

— Quando acabar a missão, registra na Análise Pós-Ação, a APA.

— APA é o caralho! Depois que um de nós for pro barro? É isso, porra?!?

Foi a melhor resposta. Alguém interveio e acabou o fogo amigo. A gente podia levantar a cabeça de novo e revidar. O Gaúcho avisou no rádio que o Louco estava bem, que o tiro foi no rosto e de raspão. Era a hora de dar o troco. Só pensava em cumprir a missão, afinal fui treinado pra isso e estava fazendo tudo dentro das regras de engajamento. Analisava os alvos, tomava cuidado e não atingia ninguém desarmado. Provavelmente, por isso mesmo, o Belony conseguiu escapar. Em gente sem armas, nós não atirávamos. Voltei a olhar pela luneta e a abater os vagabundos, que não paravam de nos atacar. Era incessante. Cada vez que eu acertava um, gritava:

— Miolos!

De repente, vi um homem com uma máquina fotográfica na linha de tiro, no funil fatal. Era um repórter da Reuters. O Bodão berrava:

— Sai daí, filho da puta! Sai!

Não importava o quanto a gente gritasse e quantos disparos eu desse pra dar cobertura ao repórter, o cara simplesmente não saía de lá. Resolvi dar um tiro do lado do pé dele. Levantou aquela poeira e ele finalmente correu. Da minha lente, acompanhei o jornalista maluco sair em disparada e, quando voltei, vi um negócio esquisito. Um bandido com fuzil apontado pro lado que não vinha nenhum militar. Ele atirava sem parar. Levei alguns segundos pra entender que estava atirando em civis. Fiquei muito puto.

Como meu fuzil não era o antimaterial .50 e o desgraçado estava protegido por um muro, precisei de mais tempo do que queria. Atirei muito até conseguir tirar aquele cara dali. Não sei se morreu, se foi preso ou se fugiu, mas ele deixou o lugar e abandonou o fuzil na posição que usou pra matar inocentes.

Minha equipe estava completamente absorvida pela guerra. A gente ia vencer. O cerco foi se fechando aos poucos, com técnica e precisão, até que dominamos o local. Quem largou as armas foi preso. Quem atirava na gente foi abatido, e infelizmente alguns conseguiram fugir protegendo o chefe da quadrilha.

Quando os tiros cessaram, saímos das posições. Olhei pra onde eu estava e vi marcas de disparos em toda a minha volta. A única coisa que pensei é que não era pra eu estar vivo. Passei a mão no corpo e no capacete pra ter certeza de que ainda pertencia ao mundo dos vivos. Alcançamos os principais objetivos: os fossos foram fechados, o blindado dos uruguaios foi resgatado na Rua Gerard, as construções estratégicas, abaladas, e ainda tiramos de circulação muitos bandidos. Foda. O nome da operação foi Natal Pacífico, uma puta contradição, mas um presente valioso pra todos os Comandos: saber que a gente podia fazer o nosso trabalho, tirar de cena os vermes especializados em matança e sequestros, e devolver à favela uma vida sem medo.

CAPÍTULO 10

Porque a gente pode. É por isso que a gente faz. Não conheceríamos a morte em vida se não fosse pra fazer a diferença. Podem discordar o quanto quiserem, mas, quando a violência chega, a ajuda vem daqui, do campo de treinamento, da alma sem verniz, de quem coloca a missão acima de si, de quem não se importa em morrer de vez se for pra fazer algo justo.

Era por isso que, pela primeira vez, a Minustah começava a dar resultados. Paz, mesmo, a gente só tinha dentro do quartel. Dali pra fora, era o caos. O lixo nem incomodava mais, e o cheiro da lama com sangue derramado pelas mãos daqueles vagabundos diminuía a cada dia. Agora eram a pólvora e o cordite que dominavam o ar, e cada pedaço do complexo que a gente controlava, devolvendo o mínimo de liberdade e vida aos moradores, tirava a dor da nossa distância e eliminava qualquer dúvida.

Acho que, por mais que tente, nunca vou conseguir expressar a situação de miséria e medo que a população do Haiti vivia naqueles anos. Um relatório da Agência Central de Inteligência dos Estados Unidos, a CIA, mostrava que 80% das pessoas estavam formalmente desempregadas, só 10% das casas tinham energia elétrica, e mais da metade da população era analfabeta. Como se isso não bastasse, a quadrilha de Belony intensificou a violência e sequestrou 22 pessoas em menos de 48 horas. Eles eram conhecidos por torturar as vítimas diante da comunidade durante o tempo de cativeiro — atividade que rendia, em média, cem mil dólares por mês.

Por vezes, chamamos a polícia haitiana pra remover os corpos mutilados de mulheres, crianças e estudantes que encontrávamos pelo caminho. Aliás, a nossa relação com a polícia de lá mudou depois da Operação Natal Pacífico. Agora, por exigência dos policiais, eles só entravam no Complexo Cité Soleil se o Brasil estivesse no comando do braço militar da Minustah. Esse foi um importante sinal de que estávamos no caminho certo porque, pra pacificação acontecer, a primeira coisa a se conquistar é a confiança.

Nesse cenário caótico, uma das estratégias da ONU era manter um ponto com os Quick Impact Projects (QIPs), um comércio popular que vendia peixe mais em conta que o usual. O objetivo era combater a fome, que também matava haitianos. Só que, pra funcionar, era necessário o trabalho de moradores contratados pela ONU, que, por sua vez, tinham que ser protegidos por rondas e inspeções da tropa.

A questão é que isso já não era possível desde que as gangues declararam guerra a qualquer pessoa fardada que se aproximasse. Em 2005, uma equipe de patrulhamento foi vítima de emboscada. Os bandidos jogaram gasolina em um morador e ficaram com um isqueiro na mão aguardando o blindado. Quando a equipe chegou, eles atearam fogo ao homem, e os soldados saíram da viatura pra ajudar. Entre gritos agonizantes e panos que tentavam extinguir as chamas, os bandidos deram rajadas de metralhadoras. Os capacetes azuis reagiram e eliminaram cinco criminosos, o homem incendiado não pôde ser salvo, e o local que era pra ser referência de ajuda à população se tornou um ponto difícil de interferir.

Desde então, a violência não cessou, e quem trabalhava nos QIPs estava sem garantia de vida. Recebemos, então, a ordem de fazer uma operação na região pra diminuir a capacidade de ação dos bandidos. Estudamos a área e escolhemos uma construção alta como ponto pra estabelecer nossa equipe e atacar. Era arriscado, mas o único lugar possível porque atrás do prédio ficava a rodovia, e na frente da construção estava a concentração de barracos baixos, onde a gangue agia. Dali a gente teria a visão necessária pra localizar os bandidos e seria mais fácil pro retraimento pós-ação porque estava perto da estrada. Não era uma missão pra tomar e conquistar. Era pontual.

Pelas fotos do satélite, escolhi o ponto mais alto da construção. Levei uma escada retrátil de 12 metros com um assento improvisado, porque eu demoraria até entrar em ação. A primeira parte da operação era fabricar uma distração pros Comandos conseguirem entrar no prédio em sigilo absoluto e ocuparem suas posições. Estava pronto o planejamento da Operação Armadillo.

Ainda era noite quando a gente saiu do quartel. Vários Urutus foram na frente e fizeram muito barulho enquanto a gente entrava a pé, em silêncio e no escuro. Cada um foi pra sua posição, mas eu tinha um problema. Havia um tijolo na parede que me impedia de posicionar o fuzil, e eu não ia abrir mão daquele local. Era o mais alto, o mais complicado e também o que oferecia a melhor visão. Chamamos de volta um Urutu e pedimos pra fazer mais barulho. O blindado parou em frente à construção e começou a acelerar sem sair do lugar. Foi o suficiente pra eu marretar o tijolo e colocar o fuzil. Deu tudo certo. Os Urutus saíram e nós ficamos esperando o dia amanhecer. Assim que clareou, apareceu um bandido armado, e eu falei pra mim mesmo:

— Sou eu, minha arma e o alvo.

Era uma espécie de mantra que eu repetia mentalmente e que às vezes falava em voz baixa nos momentos que antecediam o tiro. Foi uma frase que criei na adolescência e nunca mais abandonei. Nas missões reais, servia tanto pra me manter concentrado como pra ativar a autoconsciência de estar nas minhas mãos — e de mais ninguém — a responsabilidade pela tarefa mais difícil pra um ser humano: matar o semelhante. Dava certo.

Já tinha um alvo na luneta, mas esperei. Ele estava em frente a uma casa feita de madeira e latas. Então, se eu atirasse, tinha grande chance de atingir um morador ou uma das crianças que deveriam estar ali dentro. Também queria aguardar porque, com maior aglomeração de bandidos, mais baixas provocaria. Não demorou. O alvo saiu da frente da casa e vieram mais cinco criminosos pra fazer a ronda com ele.

Antes que o restante entrasse no meu campo de visão, outros dois caçadores atiraram simultaneamente e tombaram dois de uma vez. O que estava na minha luneta bateu em retirada. Começou a vir um monte de criminosos procurando a direção dos tiros. Enquanto eles buscavam a nossa posição, fomos derrubando um a um. Quando finalmente nos localizaram, o bicho pegou. Cercaram o prédio, e o tiroteio não parava. No rádio, veio a ordem pra retrair porque eles poderiam pedir reforços da gangue do líder Evens Jeune, que ficava em Boston, onde tinha um QG criminoso chamado Base Jamaica.

Fiquei irritado, mas ordem é ordem. Na verdade, sabia que o comandante estava certo. Fazia parte da previsão que seríamos cercados e, a partir daí, teríamos que recuar. A missão era provocar baixas na quadrilha, e isso foi feito. Comecei a recolher minhas coisas, fechei a escada com a ajuda do meu *spotter* e estávamos abandonando a posição. Desci e ouvi o Cheval, o companheiro que estava na parte de baixo do prédio, gritar:

— Porra, Assombroso! Estão atirando em mim!

— Onde?

Ele apontou a direção ao mesmo tempo que continuava a pegar as coisas pra sair. Queria saber quem era o atirador. O Laranja, o comandante, estava se irritando comigo:

— Bora, porra! Assombroso, bora!

— Peraí, tem vagabundo aqui!

— Bora!

Eu sabia que estava errado, mas tinha certeza de que o filho da puta estava só esperando a gente dar as costas pra correr e nos acertar. Eu já tinha visto o fuzil dele. O Jack passou por mim repetindo a ordem de abandonar. Eis que ouvi uma rajada e o Gaúcho alucinado berrando que ia pegar o vagabundo. Mandaram o Gaúcho recuar e um desgraçado abriu fogo quando ele pôs o pé pra fora do galpão. Assim que o Gaúcho retraiu, o meu alvo colocou a metade do rosto pra fora. Foi fácil. Eliminei a ameaça e fui o último a entrar no blindado. Aliás, o último antes do comandante porque ser Comandos é ter sempre o comandante como o último homem a sair da guerra. Chegando ao batalhão, Kid Bleu se aproximou de mim:

— E aí, Assombroso, quantas baixas no seu setor?

Eu respondi e ele abriu um sorriso:

— Você faz 100% do que os colaboradores me falaram.

Deu um tapa nas minhas costas e saiu.

* * *

Nossa comemoração era simples. Ela começava com preces do Bodão, o subcomandante do Dopaz. Ele reunia o destacamento e fazia uma oração; dizia que era pros bandidos que a gente tinha "desencarnado" encontrarem a luz. Claro que eu participava, mas confesso que queria mesmo é que fossem pro inferno. Em seguida, tomávamos uísque, fumávamos charuto e, quando dava, ligávamos pra casa. Não havia momentos melhores do que esses. O problema é que minhas filhas nunca estavam na minha casa junto com a Sônia e o Victor. Isso piorava muito as coisas. Faz parte a gente considerar não voltar, mas morrer sem ter falado com as minhas filhas era foda de aceitar.

Com um buraco no peito ou não, os dias seguiram, e junto com eles chegavam cada vez mais informações sobre as mortes numerosas provocadas por um homem que seria o *sniper* do Evens. Desde 2004, 12 capacetes azuis tinham sido mortos em emboscadas e baleados por alguém que dominava o tiro de precisão. Os colaboradores agora revelaram que era um homem chamado Hanry PQD. Ele trabalharia pro Evens, que tinha uma gangue mais treinada do que as de seus concorrentes. A novidade preocupante era que Hanry PQD teria recebido ordem pra matar os militares da Minustah. Isso a gente não podia aceitar. Ao mesmo tempo que essas histórias pareciam ganhar celeridade, fomos destacados para conquistar a Casa Azul, que ficava no território da gangue do Evens.

A Casa Azul era uma escola desativada, que passou a ser um forte dos homens do Evens. A construção de três andares ficava entre a Rodovia Nacional 1 e a Base Jamaica, onde se escondiam mais de cem criminosos. Era outro ponto de dominância que as tropas convencionais não conseguiam tomar. A parte dos fundos da casa, que dava para a Base Jamaica, não tinha paredes. Elas foram demolidas pela quadrilha para evitar que qualquer equipe militar se posicionasse ali. Tínhamos que encontrar uma solução pra fazer a infiltração e a tomada da fortaleza sem que a quadrilha percebesse. Os fuzileiros, a Engenharia, o Dopaz e o Esquadrão Mecanizado teriam que fechar tudo aquilo com sacos de areia e gabiões pra depois nos posicionarmos e esperarmos o inferno. Afinal, era questão de tempo pros bandidos descobrirem a nossa missão.

O Bragaia, que era o Operações, chamou os caçadores mais antigos pra ajudar no planejamento. A gente estudou as fotos aéreas e sugeri que ocupássemos a caixa d'água. Nas imagens, víamos que os bandidos haviam tirado vários degraus da escada externa, que dava acesso aos andares. Então, decidi levar uma escada tubular retrátil, daquelas de eletricista, pra caber dentro do Urutu. Tive receio de ela tombar com todo mundo passando em cima e acabei instalando ganchos na parte superior para a tropa ter segurança no deslocamento.

Também pelas fotos, decidimos que eu, Petit, Bragaia e Jack ficaríamos na caixa d'água pra ter uma melhor visão dos inimigos. Pra isso, a gente teria que acessar *outra* escada, que, pela estrutura da casa, deveria ser uma daquelas tipo caracol, que desembocava numa abertura na laje. Sabíamos que seria foda chegar lá; mas, como era a melhor posição, então estava decidido.

Enquanto desenhávamos a operação, a Equipe de Comandos Anfíbios (ECAnf) dos fuzileiros navais fazia o reconhecimento de terreno. Eles saíram do ponto forte Fábrica de Gelo, em Cité Militaire, a uma e meia da manhã e foram pro beco da Shodecosa. Investiram duas horas tentando encontrar uma posição pra colocar os caçadores e dar mais segurança pra tomada da Casa Azul. Só que a concentração de barracos era muito grande, e eles não encontraram nenhum local adequado. O jeito seria posicionar os caçadores a mais de 400 metros. Isso não era bom. Incluímos a má notícia no planejamento e ensaiamos exaustivamente de 21 a 23 de janeiro, que era o dia da missão. Foram 33 ensaios, sempre cronometrando tudo. Foi exaustivo porque tinha que ser de madrugada, visto que havia trabalhadores haitianos na base e as informações poderiam vazar. Estava tudo pronto.

Doze horas antes da ação, os caçadores da ECAnf se posicionaram na colina da Shodecosa pra monitorar os inimigos. Às quatro da manhã, o blindado saiu para as avenidas Soleil e Soleil 9, no Complexo Cité Soleil, pra fazer a operação diversionária com o objetivo de atrair a atenção dos bandidos e ganhar tempo pros Comandos tomarem a Casa Azul.

Deu certo. Os fuzileiros ficaram sob fogo, uma equipe foi encurralada, e o helicóptero chileno que dava cobertura a mais de três mil pés também se transformou em alvo. Às 4h25, o major Cavalo avisou por rádio que os criminosos tinham saído da Base Jamaica pra dar reforço à quadrilha de Belony. O plano estava indo bem. As equipes da Bolívia e do Peru avisaram que a Rodovia Nacional 1 estava bloqueada e ninguém atravessaria pra pegar a tropa de surpresa. Kid Bleu anunciou os códigos via rádio:

— Ventana Cerrada. Saltinador Listo. Kid Bleu pra Kid Preto, prontos? Agora é com vocês.

A gente começou a latir e o Bodão emendou:

— Soltem os cães!

Era a nossa hora. Deixamos a Base General Bacellar em quatro Urutus e chegamos sem problemas à Casa Azul. Estávamos divididos em quatro equipes. A ação tinha que ser sigilosa e havia grandes chances de ter seguranças na casa. De acordo com o planejamento, se houvesse necessidade, o alvo seria eliminado sem tiros porque não dava pra arriscar fazer qualquer barulho, mesmo com nossas submetralhadoras HK MP5-SD com supressores de ruído. Concordamos que, se precisássemos neutralizar alguém no subsolo, usaríamos faca. Granadas de luz e som, só em último caso.

Desci com a primeira equipe, a Bravo 1, sob o comando do Bodão. Fui direto instalar a escada tubular enquanto parte da equipe tomava o subsolo sem precisar efetuar disparos ou usar facas. A Bravo 2 desembarcou e subiu pela escada improvisada. As portas foram arrombadas pela terceira equipe usando o alicate corta vergalhão, e eles tomaram o local. Não havia ninguém:

— Limpo! Saindo!

* * *

Os movimentos eram sempre anunciados pra que os nossos homens não fossem confundidos com inimigos. Com tudo tomado e sem reação, o Bodão bradou no rádio:

— Fortaleza dominada!

Em seguida, ele deu o comando pra enviarem a Engenharia com o material. Chegaram os armamentos mais pesados: os AT4 e os fuzis de precisão, inclusive o meu M24 dentro da *case*. Com todo mundo em posição, veio a pá carregadeira com os sacos de areia e os gabiões. Tínhamos só 17 minutos e estava tudo saindo como ensaiado. As paredes iam sendo reerguidas até a altura planejada. Era inacreditável a velocidade com que eles fechavam tudo.

Quando o trabalho estava bem avançado, começaram os tiros. O Evens, o Hanry PQD e seus homens chegaram com tudo. O fogo estava aumentando, e o Bodão continuava a coordenar a colocação do material andando de um lado pro outro:

— Porra, Bodão, se abriga!

— Eu tenho que coordenar, porra!

Os tiros só aumentavam. Ainda era noite, e a gente tinha que decidir: tomar a caixa d'água naquela hora ou esperar amanhecer e virar alvo fácil na luz do dia. Eu, o Bragaia, o Jack e o Petit resolvemos ir pra cima. Foi dado o sinal verde, e a gente correu em direção à passagem que tinha visto pelas fotos. Encontramos a escada caracol exatamente como previsto. Subimos sob fogo pesado. Na laje, fomos só rastejando, porque vinha tiro de todos os lados. Chegamos ao ponto mais alto e esperamos os intervalos dos disparos pra pularmos pra dentro da caixa. Finalmente posicionados, comemoramos a tomada.

Ter tomado a casa com certa facilidade elevou nosso moral, apesar da intensa troca de tiros. Éramos seis *snipers*, e praticamente não errávamos. O inimigo já sabia que, se colocasse a cara, cairia. Nossa grande vantagem era ser um grupo pequeno, só 24 homens — mas eram 24 Comandos com as melhores táticas, técnicas, procedimentos e um poder de fogo brutal à espera da quadrilha que estava fazendo fama e impondo o terror com o poder da violência dos seus homens.

Foram muitos minutos sem trégua, mas depois começaram a acontecer uns intervalos. E foi durante esses espaços de silêncio que eu consegui perceber que o Hanry PQD estava ali. Ele fazia disparos direcionados fora dos momentos de troca de tiros. Até que um projétil bateu no parapeito junto à cabeça do Jack, que se assustou:

— Caralho, Assombroso! Isso foi tiro?

— Foi. Se abriga aí.

Um caçador conhece a assinatura do outro. As digitais do Hanry estavam ali naquele parapeito. Peguei a luneta de espotagem, uma Bushnell que tem um poder de magnificação muito maior do que qualquer luneta dos nossos fuzis de precisão, e comecei a buscá-lo. Pelo alinhamento, identifiquei em qual setor ele estava. Faltava encontrar o filho da puta. Recomeçou o tiroteio forte, muita munição passando acima das nossas cabeças. O Bragaia pegou o rádio:

— Estamos recebendo muitos tiros. Mantenham a pressão!

Observei e notei que o vagabundo estava tentando aplicar de forma amadora uma técnica chamada tiro através do buraco. Só caçador de Operações Especiais sabe fazer isso, e é o terror pra qualquer inimigo porque é praticamente impossível localizar a origem do disparo pela luz ou pelo barulho. Mas Hanry era só mais um desgraçado, e eu ia encontrá-lo. Não deu outra. Foquei um cômodo que estava bem na minha frente, às 12 horas, uma espécie de torre, e consegui pegar o momento em que ele, depois de um tiro, se aproximou da abertura do tijolo estilo cobogó. Eu vi os olhos dele se afastando e ele colocando a pontinha do cano num outro buraco. Enxerguei até o estriado do cano.

— Bragaia, pega a besta fera.

O Bragaia era o cara que manuseava o nosso fuzil antimaterial Barret M82 calibre .50. Ele posicionou a arma e eu continuei:

— Visto telhado, de lona azul e branca, às 12 horas, a cem metros?

— Visto.

— Visto janela com cobogó logo abaixo?

— Visto.

— Então conte de cima pra baixo: primeiro, segundo e terceiro cobogó. Visto?

— Terceiro cobogó visto.

— Os olhos do filho da puta estão no primeiro. O tórax e o cano no terceiro. Atira ali, no terceiro, ok?

— Ok.

— Atirar no terceiro cobogó, ok?
— Afirmativo.
— Quando pronto, fogo.
Ele disparou e eu acompanhei com a luneta. Só me restou comunicar:
— NA, Bragaia, NA.
Foi uma gritaria e muito latido no rádio! Todo mundo comemorando o "no alvo" do Bragaia. Como o tiro atingiu a junção dos tijolinhos, toda essa massa foi pra dentro dele. Um tiro de .50 pulveriza, é muito forte. Aproveitaram a descontração pra pedir um grito de "miolos" de novo. Isso foi engraçado. Não sei o que me deu pra falar "miolos" quando estávamos pra entrar em combate. É que, no Batalhão de Forças Especiais, ainda no Camboatá, uns companheiros colocaram um filme muito ruim de zumbis, que ficavam falando o tempo todo "miolos, miolos". Eu me divertia com essas escolhas bizarras. Não era raro, durante as pausas dos confrontos, jogarem no rádio as músicas tenebrosas da banda Calypso. Com todo respeito aos integrantes e a quem gosta, ela está longe de ser o meu estilo. Tenho que admitir que esses breves momentos de união e risadaria nos deixavam ainda mais fortes. Por isso, agradeço cada composição da banda e cada filme ruim.

* * *

Mas a comemoração durou pouco. Começamos a receber tiros de uma M-60, a uns 80 metros da nossa equipe. Largaram o aço, não parava! Vinha do flanco esquerdo. Posicionei meu fuzil às 10h e comecei a procurar com a luneta. Bodão, como fazia em todas as operações, ficou rastejando de um lado pro outro pra conferir a posição da tropa. Só que os disparos estavam muito intensos. Tinha muito vagabundo por todas as construções que ficavam na nossa frente e à esquerda. Avisaram pelo rádio que um tiro tinha passado muito próximo à cabeça do Bodão e pensei: "Esse filho da puta quer morrer! Só pode!"
Aumentaram o volume do rádio pro máximo:
— Kid Preto, é o Bodão. De onde veio? Direção?

— Daqui do lado! Dessa escola da Rua Boston.

— Atento! Atento!

O Bodão localizou e pediu pro Bragaia preparar a .50, ele ia começar a cantar a posição. Eu interrompi:

— Tá comigo! Tenho o atirador aqui!

— É seu, Assombroso! Arregaça ele!

Fiz o disparo NA e anunciei:

— Miolos!

E, de novo, foi gritaria e latido no rádio. Só que continuamos a tomar tiro da direção da Base Jamaica. Eu retomei a minha frente e, quando ainda estava ajeitando o fuzil pra posição, vi muito vagabundo de fuzil e pistola. Perdi alguns segundos ajeitando a arma, mas, ao me posicionar, consegui fazer jus ao ponto em que estava. Botavam a cara, eu derrubava. Atravessavam a rua, eu derrubava.

Até que vi, a uns 30 metros, muito perto, uns moleques com coquetel Molotov ainda apagado nas mãos, correndo em nossa direção. Eu não ia atirar. Eram moleques. A chance de estarem ali obrigados era alta. Acompanhei o movimento e vi o brilho do fogo quando eles acenderam. Dei um tiro na direção da garrafa, que fez com que se assustassem e jogassem as garrafas sem força. Fizeram isso algumas vezes, até os coquetéis acabarem. Não acertei nenhum deles e não me arrependo. A regra de engajamento é clara: disparos são apenas contra ameaça real. Uns garotos com um troço desses eram ameaça pra quem? Era só pra inquietar. Não tinha motivo.

Já passava das 17h quando começou a parte mais intensa do confronto. Evens dera ordem pra retomarem a Casa Azul a qualquer custo. Era um filho da puta, mas não burro. Sabia que, com a doutrina da aproximação sucessiva, ele ia se foder. Evens estava na Base Jamaica, a uns 300 metros, e já tinha notado que seria nosso próximo alvo.

Desde que a gente tomou o fogo amigo na Operação Natal Pacífico, Bragaia bolou a solução de marcar a conquista de território com uma bandeira, mas tinha que ser uma do Comandos. Só quem tinha essa joia era o Mancha Negra, que carregava a bandeira do 1º Batalhão de Forças Especiais como amuleto. Então, antes de sair pra operação na Casa Azul, Bragaia, que dividia o alojamento com Mancha Negra, pegou a bandeira pra usar na nova conquista. Ele aproveitou esse momento de espera dos inimigos pra hasteá-la no alto, e logo veio a mensagem via rádio do Mancha Negra:

— Bragaia, estamos vendo as imagens do helicóptero. Vi que roubou minha bandeira e a hasteou no topo da Casa Azul. Assim você me emociona!

Caiu a noite e também o número de disparos. A gangue tinha perdido muitos homens e usou a madrugada pra se reorganizar. Quando aparecia alguém perto da Casa Azul, era só pra incomodar. Não aconteceu nada sério. Às cinco e meia da manhã, aproveitamos a escuridão pra abandonar a caixa d'água e passar o serviço aos caçadores da Primeira Companhia de Fuzileiros, que tínhamos treinado. Os garotos chegaram com os olhos arregalados. Dava pra notar que estavam apavorados. Eles diziam que os Comandos eram malucos porque bastava entrar um tiro e pronto, acabava. De certa forma, tinham razão, mas a gente não pensa no que pode dar errado. A gente pensa no planejado.

Estávamos tão confiantes no nosso trabalho nas últimas 24 horas que entramos em viaturas comuns e estávamos nos preparamos pra ir embora quando percebemos os moradores saindo de suas casas pra ver os novos donos da Casa Azul. Eles pareciam incrédulos. Olhavam pra nós com um misto de surpresa e admiração. Foi marcante receber aquelas pessoas.

Era hora de ir pro quartel. Pegamos a Rodovia Nacional 1. Até aquele dia, era impossível imaginar militares passarem ali sem ser num blindado. E nós fizemos isso. Nenhum tiro foi disparado.

Já era de manhã quando fomos recebidos pelo Kid Bleu na Base Bravo. O coronel comemorou, tiramos fotos juntos, e ele mandou a gente se alimentar e descansar. Foi um dos melhores dias no Haiti. A sensação de dever cumprido sem nenhuma baixa foi muito boa, um nirvana. É o momento em que a gente sabe que fez exatamente aquilo que um Comandos deve fazer. Quando a adrenalina passa, o sono é calmo, e o corpo se encaixa perfeitamente na cama. Estávamos aproveitando cada minuto pra ter a recuperação mais rápida possível.

Ainda bem que a gente fez assim. Às 17h30, chegou a informação de que a Casa Azul estava sob intenso fogo da força adversária e que Evens tinha mandado avisar que iria retomá-la de qualquer maneira. Era hora de mandar esse merda pro inferno.

CAPÍTULO 11

Por mais que a gente ensaie e por mais que tenha informações, no fundo somos nós e as armas. A Inteligência confia que saberei o que fazer quando o inimigo chegar pra me foder. Meus líderes sabem que eu serei Comandos mesmo se for necessário lutar homem a homem. Tenho faca, fuzil e minhas mãos, mas o que faz a diferença são a técnica e a frieza de quem está acostumado a caminhar entre a vida e a morte. Como sempre, eu entrei no blindado sabendo que, de uma maneira ou de outra, alguém não voltaria. Se eu fizesse bem meu trabalho, como tinha feito até então, o enterro seria do inimigo. Isso me dava a inspiração que eu precisava.

Eram 18h30 quando voltamos à Casa Azul. Os fuzileiros só sabiam agradecer a nossa chegada. Já estavam ficando com receio da fúria de Evens. Eu e os outros caçadores decidimos que era necessário voltar pra dentro da caixa d'água. Lá era mais arriscado, mas bem melhor pra dar o troco.

Quando a gente substituiu os fuzileiros, eles apontaram a direção dos tiros e saíram com pressa. Àquela altura, já tínhamos tomado a Casa Azul há mais de 20 horas. Decidi que era o momento de confirmar definitivamente a conquista. A gangue estava vindo pesada porque havia recebido informações de que "os homens de preto" tinham deixado a casa. A população avisava tudo, era muito ruim. Imagina um lugar sem luz elétrica, mas com várias pessoas usando celular. Isso só acontecia porque os celulares eram fornecidos pelos criminosos, que cobravam informações em troca. Eles sabiam de cada passo nosso. Como falei, a escuridão no Haiti é bizarra. Não se enxerga nada a um palmo de distância. Eu não tirava os óculos escuros pra nada e isso preservou a minha visão. Agora, bastava a luz da lua crescente pra eu acertar os vagabundos.

Os militares do helicóptero da ONU, que davam apoio à operação, anunciaram pelo rádio que cerca de 50 homens se deslocavam para a Casa Azul. Era a fúria de Evens a caminho. Corriam pra tentar reconquistar o lugar. Começaram os disparos contra os sacos de areia. O Bodão gritou:

— Que venham!

Eu respondi:

— Miolos!

E começaram as vozes no rádio:

— Soltem os cães!

— Irraaaaaaa!

— Comandos!

Eles vieram com tudo, mas não entenderam nada. Um bando portando fuzis e pistolas se aproximou andando tranquilamente, pensando que, por ser noite, estariam protegidos. Só que, do outro lado da lente, quem esperava por eles era um Comandos. Eu derrubei um, depois outro, a seguir outro… E assim foi. Demorou pros caras se tocarem que não eram tiros fortuitos, que estavam sendo caçados. Só que, até aí, já tinha ido pro saco uma caralhada deles.

Naquele dia, eu tive 100% de aproveitamento, não errei um tiro. Depois, os colaboradores contaram que os bandidos atribuíram essa sequência às forças ocultas. Pra eles não tinha como eu ter acertado na escuridão. Portanto, eu estaria sendo ajudado por espíritos do vodu. Com todo respeito à religião, estava porra nenhuma. Treinei a vida toda pra fazer isso e, se algo me ajudou, foi o retículo iluminado da minha luneta Leupold Mark 4 e Deus.

Honestamente, eu nem mexi na clicagem. Eles estavam a 12 horas a 80, 100 e 150 metros. Só precisava botar no centro de massa, apertar o gatilho e deixar a física fazer o seu trabalho. A gente arregaçou e deu resultado.

Os colaboradores avisaram que Evens aceitou a perda da Casa Azul. Às cinco e meia da manhã, os caçadores fuzileiros retomaram a posição, e começamos a desmobilizar pra voltar pra Base Bravo e ficar de prontidão. Agora, era reafirmar a nova identidade da Casa Azul como o Ponto Forte Coxim, em homenagem à cidade do Mato Grosso do Sul de onde veio o contingente do Brabat 6, e começar o trabalho social.

Todos os locais que a gente conquistava recebiam em seguida serviço de limpeza, atendimento médico, odontológico e de empregabilidade. Fazia fila na porta da base. Era impressionante. Num país miserável, ganhar três dólares por dia era fenomenal. A ONU pagava e as ruas ficavam limpas. As pessoas recebiam serviços básicos e de lazer. Um mínimo de dignidade transformava a vida das pessoas. Dava gosto ver a mudança. Era o nosso trabalho traduzido em confiança. Como as pessoas sabiam que a gente não sairia dali, não tinham o que temer. Valeram as 33 horas dentro da caixa d'água.

Estávamos nos preparando pra exfiltrar pra Base Bravo, quando o Bodão observou um sujeito cobrando pedágio dos motoristas de *tap-tap* na Avenida Nacional 1. Ele avisou no rádio que estava indo atrás do cara, com o Capivara e o Paraguaio. Assim que começaram o deslocamento, o homem fugiu e frustrou a tentativa de prisão. Foi nesse momento que o Bodão teve a ideia de merda de checar a Base Jamaica. Ele subiu a caixa d'água de Cité Soleil com o Capivara e deixou o Paraguaio na parte baixa pra fazer a segurança.

— Bodão, Capivara e Paraguaio começaram a tomar muito tiro na caixa d'água!

A informação veio do rádio do Yoda. Avisei que ajudaria. Deixei o fuzil caçador com a equipe, peguei o M4, coloquei as granadas no colete e desci pro primeiro piso. Pelo caminho, Gaúcho, Yoda e Cheval anunciaram que também iam. O Yoda e o Cheval pegaram a Avenida Nacional à direita pra tentar surpreender o bando pela retaguarda. Eu e o Gaúcho fomos em direção à caixa d'água, à esquerda. Dali, já dava pra ver os dois no alto e os pedaços de reboco caindo com os disparos. O Bodão e o Capivara atiravam só de pistola porque, pra chegar ali, não dava pra levar o fuzil. O Paraguaio estava se defendendo com o M4 embaixo, mas também não podia abandonar a posição e subir. A gente tinha que agir rápido.

Avançamos e demos de cara com um bando vindo disparando. A gente devolveu os tiros, mas eles conseguiram se abrigar num beco. Prato cheio. Cada um pegou uma granada e jogou lá dentro. Quando explodiram, eu e o Gaúcho entramos no beco. Dois foram eliminados, mas os outros conseguiram fugir. O barulho e a quantidade de tiros foram tão grandes que acabamos ganhando uma trégua rápida. O Capivara e o Bodão aproveitaram a brecha e desceram correndo. Já reorganizados e com os soldados convencionais na Casa Azul, retornamos à base.

* * *

O próximo passo era tomar a Escola Nacional e em seguida aniquilar a Base Jamaica. Bandido não tem que ter vez, e era nossa responsabilidade traçar o limite. O trabalho de reconhecimento da Escola Nacional e do restaurante que eles usavam pras festas da gangue ficou a cargo da Alfa 2 e da Bravo 2, reforçadas pelo Demolições 1 do Dopaz, o Capivara. Às 9h50 de 5 de fevereiro de 2007, o grupo partiu do Brabat em dois Urutus em direção à Base Magnólia, próxima dos objetivos. Às 10h10, as equipes saíram da Base Magnólia até o Ponto Forte 16. Às 16h30, o reconhecimento da Escola Nacional e do restaurante foi concluído com sucesso.

No planejamento, ficou acertado que o Dopaz seria o responsável pela tomada da escola. Por conta disso, as decisões não poderiam ir muito à frente, afinal dependíamos do desdobramento da ação principal. É assim quando há alta possibilidade de baixas, e esse era o caso. Mas tínhamos uma grande vantagem desta vez. O trabalho de reconhecimento tinha sido tão bom que o Bodão fez uma planta detalhada da escola num aplicativo usado por arquitetos.

De posse de todos os Elementos Essenciais de Informação, os EEIs, iniciamos os ensaios. Montamos o cenário mais próximo possível do real. Após 96 horas de planejamento e ensaios durante as madrugadas para garantir o sigilo da ação, estava pronta, no dia 9 de fevereiro, a maior e mais difícil ação da Minustah: a Operação Jauru Sudamericano. Se tudo desse certo, Cité Soleil, um dos lugares mais violentos do mundo, seria conquistada, e a vida dos moradores se transformaria pra sempre.

Os especialistas do Dopaz planejaram tudo detalhadamente. Blindados jordanianos com soldados da 3ª Companhia da Força de Paz do Brasil, comandados pelo capitão Tocha, cercaram a Escola Nacional. Do ponto em que estavam, poderiam atingir também a Base Jamaica. As equipes do Dopaz deixaram a base junto a quatro blindados com fuzileiros navais. No caminho pra Escola Nacional, se juntou ao nosso comboio outro blindado de uma equipe uruguaia com sete homens. Foi fundamental porque eram os responsáveis pela entrega do nosso material: bolsas de primeiros socorros, escadas, fuzis caçadores e um lança-granadas 40mm semiautomático. Como nós tomaríamos de assalto, não poderíamos estar com material excedente. O fuzil que tínhamos em mãos, por exemplo, era o de assalto, o M4. Já o fuzil de precisão, só usaríamos na segunda fase da operação, quando a conquista da fortaleza estivesse consolidada.

Eram 2h55 quando o nosso Urutu se aproximou do objetivo. Essa expectativa é foda. Uma mistura de adrenalina, tesão, incredulidade por estar vivendo cenas de filmes, repetição incessante dos ensaios e *checklists* mentais do que se deve fazer. Além de repassar o planejamento na cabeça, tenho a mania de ir olhando nos olhos de todos o caminho inteiro. Desta vez, eu notei que estavam ainda mais concentrados. Não era à toa: teríamos a chance de aniquilar uma quadrilha poderosa e cruel.

Como planejado, os blindados pararam em frente à Escola Nacional às 3h. Dois Comandos da equipe Alfa se levantaram pra disparar os AT4, mas ambos falharam. Um atirador da Bravo 2 tomou a frente, pegou um terceiro AT4 e disparou contra a fachada da escola. O tiro saiu e o barulho da explosão era a senha pra nós, da Bravo 1, entrarmos. Quando o blindado freou e o pessoal se levantou, eu olhei pro Bodão e falei:

— Bodão, seu filho da puta. Se você não latir, eu não saio desse blindado.

— Caralho, Assombroso, porra!

— Late, porra! Late!

Não fiz isso sem pensar. Eu era o caçador mais antigo e me sentia no dever de levantar o moral da tropa. Pedir pro meu comandante latir era reconhecê-lo como líder e, ao mesmo tempo, incendiar os nossos corpos, que já pediam pra sair da proteção da blindagem do Urutu. Quando começou aquele barulho característico do ar comprimido da porta do blindado abrindo, o Bodão puxou os latidos, e a gente saiu de um jeito que ninguém conseguiria parar.

O Pandeiro foi na frente com o escudo e, assim que a porta saiu da frente dele, já começou a tomar tiro. Nosso escudo segurava tiro de fuzil, mas imagina o quanto é difícil caminhar com o peso do equipamento mais o escudo com quase 15 quilos e ainda bancar a proteção com os impactos das munições de AK-47. Só Comandos mesmo. Quando a gente desembarca, não analisa. Apenas executa o que foi planejado. Já está na cabeça que, se o companheiro cair, você vai arrastá-lo consigo pra continuar a lutar.

Seguindo o planejamento, viramos à direita, onde sabíamos que era a melhor entrada. O problema é que demos de cara com um muro recém-construído. Ainda cheirava a cimento fresco. Puta que pariu! O Pandeiro sabia que não tinha como ir pra esquerda, e o que restava era a pior opção: ir pelo pátio, um lugar descoberto, em frente ao prédio em formato de "U". Ou seja, alguém ia morrer.

Não havia tempo. O Pandeiro seguiu pro pátio. A gente avançava tomando muito tiro até que o Pandeiro tropeçou nas porras dos tijolos que os vagabundos fixaram no chão. Ele caiu. O Bodão levantou o Pandeiro e o escudo juntos. Quando eu vi o sufoco, troquei o carregador pra munição traçante, saí da formação, tomei a frente e varri o pátio. Coloquei fogo na porra toda! As munições traçantes, quando bateram nos muros, incendiaram o lugar.

Com a luz do fogo, eu consegui ver um bandido entre a escada e um muro segurando uma AK-47. Diante do inferno em que transformamos o lugar, ele fez menção de sair, mas eu não ia deixar. Dei uma rajada na direção do vagabundo e vi as traçantes atravessando o corpo que até o momento se orgulhava de matar bebês. A gente continuava a avançar, com o Pandeiro e o Bodão em condições normais, mas os tiros contra nós já tinham cessado. Usamos o rádio pra informar:

— Kid Preto, primeiro andar limpo!

Estávamos na parte baixa do prédio e com o acesso à escada da direita. A Bravo deu o pronto pro restante da equipe vir. Era a vez de o Capivara mostrar suas habilidades. Quando ele subiu, eu e Petit demos cobertura, mas ainda assim o Capivara ficou exposto pros bandidos que estavam posicionados na Base Jamaica, a menos de 130 metros dali. Como veio tiro em cima dele! O cara merecia uma medalha porque, tomando aquela quantidade de fogo, não perdeu a tranquilidade, mesmo com os projéteis impactando a poucos centímetros dele. Com cautela, o Capivara localizou as portas de aço trancadas e posicionou as cargas Charlie certinho. Detonou. Kid Preto começou a subir e a tomar muito tiro também. A Bravo novamente deu cobertura. Os projéteis passavam muito perto. Quando ele chegou ao terceiro piso, a gente brincou:

— Deus é brasileiro!

O Gaúcho e o Louco fizeram a mesma coisa na outra escada, e a gente avançou, tomando o prédio. Dominamos e fizemos a varredura até o terceiro piso. Hora de decidir o que fazer com as portas que encontramos com fechamento idêntico ao das que a gente detonou. Concluímos que seria perda de tempo arrombar todas. Decidimos explodir só as duas em frente à Base Jamaica, e o restante seria vasculhado observando através dos cobogós.

Com o perímetro assegurado, concentramos os homens nas duas salas que arrombamos. Tínhamos que escolher o melhor lugar pra iniciar o ataque à Base Jamaica. Se não fizéssemos isso, a gangue avançaria e perderíamos a Escola Nacional. A primeira fase da missão estava realizada: tomamos a fortaleza. Kid Preto anunciou no rádio:

— Fortaleza dominada.

Com a senha, os fuzileiros e a equipe internacional saíram dos blindados e levaram os equipamentos pra nós. Estávamos protegidos pelas paredes, mas isso não era suficiente. Precisávamos fazer seteiras, aberturas pra posicionar nossos fuzis de precisão. Então, começamos a tentar quebrar aquele concreto. Parecia que todo o cimento do mundo estava ali! A madrugada avançava e a gente não conseguia abrir um buraco sequer com nossas ferramentas. O Bodão gritou:

— Capivara, vem aqui!

Pensei que era loucura, mas, como não tinha outra opção, segui a decisão do Bodão de acionar o Demolições. Cada um escolheu o ponto onde queria se posicionar. Mais uma vez, selecionei o mais alto porque acreditava que, por maior que fosse o sacrifício de ter que ficar na escada, era o lugar mais seguro e o que oferecia a melhor visão. Com os locais marcados, o Capivara colocava o explosivo com a espoleta elétrica, a gente ia pro outro lado da sala e explodia. Fizemos isso repetidas vezes até abrir todos os pontos. Foi bem-sucedido, mas todos nós pagamos o preço até hoje: perdemos parte da audição nesse evento.

Assim que amanheceu, a guerra veio com vontade. O Kid Bleu ordenou que as tropas da Bolívia e do Peru iniciassem a tomada do sobrado de três andares próximo à Casa Azul. Eles conquistaram o prédio, com o saldo de apenas um soldado ferido, e hastearam a bandeira da ONU no terraço. Da Escola Nacional, a gente conseguia ver a fumaça das granadas que eles jogavam na Base Jamaica, pra onde todos os bandidos estavam correndo. Ao mesmo tempo, o capitão Falcão recebeu a ordem de entrar na Casa Amarela, que dava acesso à Base Jamaica.

Quando saíram do blindado, já sob fogo, deram de cara com uma porta que não conseguiram abrir e ficaram encurralados. Sem saída, retornaram ao blindado. Um dos soldados viu uma porta lateral, e Falcão fez uma nova tentativa. Deu certo. A Casa Amarela também estava tomada, e os atiradores, posicionados voltados pra Base Jamaica. O Kid Bleu anunciou via rádio os novos nomes do sobrado e da Casa Amarela:

— Ponto Forte Titicaca e Ponto Forte Silviolândia conquistados.

O fato de estarem conquistados significava mais tiros. Eram milhares pipocando nas paredes do sobrado, da Casa Amarela e da Escola Nacional. Estávamos a apenas 120 metros da Base Jamaica. Não dava pra desperdiçar. Derrubamos muita gente! O Grupo de Apoio de Fogo do Exército Uruguaio lançava granadas de 40mm direto, e os caras não tiveram chance. Foi mais uma madrugada inteira trocando tiros.

A gente sabia que havia grande possibilidade de sair dali e emendar em outra operação, pra tomar o QG da gangue do Evens, a Base Jamaica. Pra estar em condições de acabar com a quadrilha de torturadores, a gente precisou se revezar pra descansar. Enquanto um grupo dormia, o outro combatia. Sim, Comandos conseguem dormir sob fogo quando necessário. Estava na vez do Bragaia descansar. Ele dormia encostado na parede quando acordou com o barulho de uma explosão e já começou a gritar no rádio:

— Capivara, que explosão é essa? Tá derrubando o prédio?

— Negativo. O Kid Preto teve dor de barriga e mandou abrir a porta do banheiro. Todo mundo riu. A gente precisava desses momentos de descontração mesmo no meio da guerra.

*   *   *

Amanheceu e os capacetes azuis convencionais entraram pra retirar os moradores das casas e evitar mortes de civis. Claro que aproveitaram pra revistar os barracos à procura de armas, drogas e munição. Com o carômetro nas mãos — um fichário com fotografias dos bandidos —, eles identificaram suspeitos e os levaram pra entrevista com a Inteligência. Dois Veículos Aéreos não Tripulados, os VANTs, jogavam panfletos no Complexo Cité Soleil pedindo aos moradores pra seguir as orientações e evitar balas perdidas, além de esclarecer que, apesar dos confrontos intensos, a Minustah queria estabelecer a paz.

Sob tiroteios incessantes, o Kid Bleu acompanhava todos os movimentos por imagens e rádio no centro de comando montado na Casa Azul. Ele foi avisado que a Engenharia estava demorando mais do que o previsto pra fechar os numerosos fossos abertos pela quadrilha, alguns com até três metros de profundidade.

As nossas armas não paravam. Era muito tiro. O chefe do Médicos Sem Fronteiras ligou pro Kid Bleu e pediu cessar-fogo porque havia muitos mortos. O Kid Bleu, então, ordenou que o helicóptero fizesse um sobrevoo nos locais de conflito pra analisar. O general Santos Cruz, comandante militar da Força de Paz, assistiu ao lado do Kid Bleu às imagens impactantes. Ambos se surpreenderam com a sagacidade do Evens. O chefe da gangue, vendo que estávamos prestes a invadir a Base Jamaica, mandou carregar corpos para as ruas e obrigou a população a estender lençóis brancos em cima deles. Em seguida, ligou pra Base Bacellar. Os militares asseguraram a autenticidade da ligação e, com a ajuda de intérpretes, receberam a mensagem do Evens. O criminoso disse que teve muitas baixas, muitos feridos e pedia pra deixar os Médicos Sem Fronteiras entrarem para atendimento. O Kid Bleu anunciou no rádio:

— Cavalo, Kid Preto, Falcão, Tocha e Big Li, ninguém atira em direção à Base Jamaica entre 8h30 e 9h30. Mantenham-se atentos. Pode ser uma armadilha.

Nós paramos de atirar, mas bandido não obedece a porra nenhuma. Eles continuaram e, como ordem é ordem, a gente só se abrigou. Pelo menos foi o suficiente para as ambulâncias se aproximarem e recolherem os feridos. Os profissionais do ambulatório da Cruz Vermelha, que ficava ao lado da Escola Nacional, também saíram pra atender criminosos feridos e alguns moradores vítimas de bala perdida. De repente, apareceram cinco jovens cobertos de joias e bem-vestidos correndo pela Rodovia Nacional 1 com uma bandeira branca. Um deles afirmava ser repórter de um jornal. A Inteligência estava atenta e passou a informação pro comandante:

— Kid Bleu, são bandidos mandados pelo Evens. Temos identificação no carômetro!

O Kid Bleu foi pessoalmente encontrar os jovens. Os supostos jornalistas pediam o fim da Operação Jauru Sudamericano, mas o comandante avisou que o cessar-fogo acabaria e a ação continuaria. Os homens identificados pela Inteligência foram detidos.

Não demorou muito e começou uma manifestação popular, e o bloqueio, que era responsabilidade dos uruguaios, foi furado. Muitas pessoas passaram e soubemos que os criminosos aproveitaram pra se misturar à multidão e fugir. Às 9h30, recomeçou o inferno. A gente foi com tudo pra cima daqueles desgraçados. O Evens ligou novamente pedindo trégua e chegou aos nossos ouvidos a voz do Kid Bleu:

— Manter a pressão.

— Comandos!

— Irraaaaa!

* * *

Entre latidos e comemoração, os capacetes azuis se transformaram, enfim, em sinônimo de ordem. A Casa Azul e a Escola Nacional, locais antes inatingíveis pros militares da Minustah, agora pertenciam à ONU. Naquelas salas não haveria mais cativeiros, e mais nenhum corpo de inocente seria abandonado aos porcos. O limite estava sendo traçado, e não haveria mais espaço pra tirania.

Às 11h30, fomos surpreendidos. O Kid Bleu apareceu pessoalmente na sala da Escola Nacional. A gente não entendeu nada, e ele abriu um sorriso:

— E aí, pessoal! Adivinhem o que eu vim fazer aqui?

Ninguém respondeu. O sorriso dele foi ficando mais largo:

— É isso mesmo! Vamos entrar na Base Jamaica!

— Comandos!

— A gente vai pra dentro dos caras!

— Irraaaaa!

Começaram os latidos, os urros, os gritos e toda a vibração do mundo. Pra quem horas antes contava com a probabilidade de baixas na invasão do penúltimo forte inimigo, ouvir que estávamos sendo tão eficientes a ponto de o coronel ordenar avançar pro último objetivo era uma puta realização, tudo que a gente poderia querer. O Kid Bleu deu o aviso:

— Vocês vão no chão. Os blindados só vão apoiar.

Era hora da preparação, e tínhamos que empregar força máxima. Todos os tipos de armas seriam utilizadas em nossas mãos. As posições foram definidas. Os caçadores, claro, ficariam na escola. As equipes Alfa e Bravo estavam prontas e fizeram o *briefing* no pátio porque a planta da Base Jamaica já era conhecida. A equipe internacional recebeu a missão de fazer a segurança na parte dos fundos pra evitar fugas enquanto o Dopaz tomaria pela frente. O Capivara gritou:

— Martelo e bigorna neles!

A marcha levou dez minutos, e os Comandos já chegaram tomando tiro. Ouvi no rádio que a equipe internacional, nos fundos da base, estava tendo problemas. O Evens posicionou um vagabundo com uma metralhadora M60 e muita munição pra maçaricar a gente. Os homens da linha de frente não estavam conseguindo localizá-lo. Avistei a posição do criminoso por conta dos gases que saíam do cano da arma, só que não deu pra fazer nada porque ele estava bem abrigado e saiu rapidamente da posição, cessando os tiros. Achei estranho. Continuei vasculhando num setor provável. Deu certo.

Ele apareceu a uma distância de pouco mais de 300 metros correndo com a metralhadora. Como a arma era pesada, o vagabundo parou, encostou num muro, curvou o corpo pra frente e deixou a arma no chão pra descansar. Eu só pensava que era difícil de acreditar naquela chance. Na posição e na distância que ele estava, não tinha como escapar. Então comecei a falar pra mim mesmo enquanto mexia na clicagem da luneta:

— Sou eu, minha arma e o alvo.

Nesse momento, o assassino da quadrilha se curvou pra frente, pegou a arma, ergueu novamente o corpo e, de forma despretensiosa, olhou na minha direção. Era a minha chance. Tiro perfeito.

— Kid Preto, é o Assombroso!

— Prossiga, Assombra!

— Miolos! O atirador da M60 está no colo do capeta.

— Comandos!

Os brados de "Comandos", "irraaaa" e "miolos" invadiram o rádio. A partir de então, o fogo cessou totalmente. Silêncio também na Base Jamaica. A última fortaleza a ser tomada estava conquistada. Aquele meu tiro foi o último do contingente. Claro que eu festejei, mas queria entender por que não havia mais bandidos mortos ou presos. Só entendi depois que o restante do Dopaz retornou da Base Jamaica. A equipe internacional, que estava nos fundos, fez uma cagada imensa. Nos ensaios, foi estabelecido um local exato, só que os idiotas se posicionaram num ponto diferente, acima de um canal. Os vagabundos simplesmente fugiram em bando por baixo deles, pelo leito do canal. A equipe internacional tinha uma única missão naquela fase da operação e a cumpriu errado. A gente ficou muito puto, mas não tinha o que fazer. Mal sabíamos que o maldito Evens seria preso um mês depois por causa de uma denúncia anônima. O jeito era seguir em frente e vasculhar o ninho de ratos.

* * *

— Bodão, é o Kid Preto.

— Prossiga, Kid Preto!

— Fortaleza dominada. Vamos vasculhar. Positivo, toca aí!

Foi muito irritante caminhar por aquele lugar. Os caras viviam no mais completo luxo enquanto a população morria literalmente de fome. As paredes tinham imagens pintadas do Evens, do Bob Marley e do Che Guevara. Em um dos quartos, havia muita bebida e uma cama de casal com dezenas de camisinhas usadas espalhadas pelo chão. Em todo o prédio, a gente achou garrafas de espumante de marca nas geladeiras, computadores, banheira de hidromassagem, carros e motos importadas, roupas e tênis de grife, energético, refrigerante, muita munição e armas. Eles montaram até um palco, onde aconteciam shows nas festas dadas por Evens, que batizou vários locais dentro da fortaleza com o próprio nome.

Nossas equipes seguiram vasculhando a Base Jamaica, que dava nojo. A quantidade de alimentos não perecíveis era surpreendente. A gangue tinha sede administrativa, um local para festas comunitárias e até um dedicado às práticas religiosas do vodu. Uma cidade com regalias em meio ao caos miserável. A ordem era revirar o prédio. Explodimos uma porta e, dentro, encontramos duas mulheres, uma criança e centenas de dólares, euros e gourdes, a moeda local haitiana. Apreendemos o dinheiro e levamos as mulheres pra depoimento. Fizemos muitas apreensões e, depois de tudo checado, explodimos os carros e as motos numa cena linda de se ver!

Com 16 pessoas presas, armas e explosivos confiscados, mais de 5 mil cartuchos e munições e 20 celulares apreendidos, às 17h declaramos a operação encerrada. Do lado de fora, os moradores se amontoavam pra assistir à tomada histórica e também pra saber se poderiam entrar pra pegar alguma coisa. O comandante liberou e a população entrou. Nunca mais vou esquecer a velocidade com que os moradores saquearam o lugar. Levaram absolutamente tudo: geladeira, fogão, roupas, comida, bebidas... Um desespero misturado a sorrisos. Estava cumprida a maior e mais complexa missão. Agora, não havia dúvidas: a paz seria estabelecida.

CAPÍTULO 12

Cité Soleil é o lugar onde 35 mil mulheres foram estupradas e mais de 4 mil pessoas foram assassinadas por questões políticas entre fevereiro de 2004 e dezembro de 2005. Os próprios moradores já tinham perdido a esperança de caminhar pelas ruas com tranquilidade e aceitaram o toque de recolher como um hábito normal. Os capacetes azuis estavam lá desde junho de 2004 e o cenário continuava o mesmo. Por isso, desde o nosso desembarque no aeroporto de Porto Príncipe, tivemos que executar nossa rígida disciplina pra mostrar aos poucos e de forma inteligente que, com o Dopaz, as gangues seriam neutralizadas. Missão cumprida. Agora o Brasil estava com 100% de controle do complexo que ficou famoso por ser o mais violento do mundo, segundo a ONU.

Eu pisava no solo que, por décadas, tinha cuidado muito mal de sua gente. Desigualdade desde sempre, estupros, meninas se vendendo por um dólar pra garantir a comida de duas semanas, outras a partir de 8 anos sendo raptadas e entregues a prostíbulos, casas de lata que inundavam e feriam a pele das crianças, meninos com armas entregues por governantes, porcos que mastigavam cadáveres nas ruas, escuridão demais nas madrugadas e clareza excessiva durante os dias, que deixavam os olhos sempre semicerrados como se, assim, fosse possível evitar ver tanta desgraça. Infelizmente, por eu ser um caçador, meus olhos estavam sempre abertos, e testemunhei muita coisa que nenhum ser humano deveria viver.

Quando passávamos pelos becos de Ti Haiti, a área mais miserável do Complexo Cité Soleil, eu tinha que encarar aquelas meninas... Crianças que ainda não tinham se desenvolvido e se ofereciam aos estrangeiros em troca de qualquer valor. Pensava nas minhas filhas, no quanto valia eu batalhar por elas pra que nunca tivessem que passar por nada parecido. Só que as mães e os pais não estavam presentes. Toda vez que via aquelas crianças, um nó formava-se na minha garganta, e meus olhos marejavam. O jeito era me concentrar na missão.

As gangues, na verdade, com nomes supostamente importantes, não passavam de um sintoma viciado que impedia a liberdade. Como alguém pode entender um homem que se dizia padre ser um presidente violento? Como compreender pessoas que preferem valorizar o poder a ponto de transformar as vidas da favela em pessoas nascidas pra conhecer a dor e a morte? Eu não entendia nem poderia. Eu estava ali pra fazer o contrário. Muitas vezes, a ONU era questionada por ter permitido ao coronel Barroso Magno, o Kid Bleu, tratar a pacificação como um objetivo imutável.

Não espero que alguém deseje confrontos ou os receba com felicidade, principalmente quando falamos de pessoas que nunca viveram a miséria ou precisaram negociar a vida de um filho. Não é razoável pedir esse entendimento porque não há palavras suficientes pra dizer o que era o Haiti em 2006. Talvez, por isso, a gente tenha se aproximado tanto dos moradores de Cité Soleil.

Foram 150 confrontos só em maio de 2007. Depois da queda da Base Jamaica, as pessoas, que um dia nos julgaram como intrusos inúteis, nos abraçavam. Elas agora deixavam lágrimas de felicidade nas nossas fardas e apertavam nossos braços, tentando fazer com que entendêssemos o que significava não ter mais sequestradores e torturadores como vizinhos.

Os dias se seguiram e a nossa relação com os haitianos melhorava. Afinal, nós conquistávamos territórios dos bandidos e permanecíamos ali. Do absoluto esquecimento por parte do governo, os moradores passaram a ter serviço de limpeza, emprego, reforma de áreas comunitárias, lazer e, acima de tudo, respeito. Quando os haitianos viam a bandeira brasileira nos uniformes, era automático: os sorrisos se abriam. O Kid Bleu, comandante do Brabat, ganhou um apelido: *mon ami* (meu amigo). Nada resumia melhor o sucesso das nossas ações. Viver isso tornou nossos esforços, doenças e ferimentos obsoletos. O Haiti justificou nossas vidas. Mas ainda havia mais caminho pra trilhar.

* * *

No dia 20 de fevereiro de 2007, começamos a caçada pelo vagabundo chamado Torchon Jean Eoldy, de 31 anos, conhecido como Blade Nasson. Lidar com a frustração é uma das coisas mais escrotas porque, para um Comandos, ela é incomum. É mais raro do que uma guerra pela paz. A gente pode se adaptar e mudar muita coisa, exceto o que a gente quer. E o que queremos é a porra da missão cumprida. Não há tempo, incômodo ou tiro que nos impeça, e o nosso novo inimigo, Blade Nasson, sabia disso.

Ele testemunhou nossas ações quando era só mais um integrante de gangue. O Blade participou da manifestação contra a Operação Natal Pacífico vestindo um terno e, claro, tomou o poder assim que o Belony e o Evens saíram de cena. Aprendeu com os erros dos antecessores e se tornou o inimigo que mais nos deu trabalho.

A essa altura, a quadrilha de criminosos já tinha olheiros próximos à base com informações suficientes pra dizer até quando se tratava de homens do Dopaz. Na verdade, não era muito difícil de diferenciar porque nosso equipamento era todo especial: capacetes com suporte pra visão noturna, o M4 com lanterna tática, designador laser, luneta ACOG e o próprio armamento, que era longe do comum.

Toda essa informação era muito útil pra ele e o mantinha vivo. O Blade dormia pouco, sabia que estava sendo procurado. Pra se esconder, ele criou um sistema bem inteligente, mas que dependia de ficar acordado quase o tempo todo. Chegavam notícias de que atravessava madrugadas andando pelas ruas armado. Apesar de preparado, ele se sentia mais ameaçado do que qualquer antecessor. Afinal, a população, a essa altura, estava começando um novo ciclo, sem lugar pra torturadores. Por isso as denúncias aumentaram substancialmente e, ciente disso, ele entrava nas casas como se fosse dormir, mas, na verdade, saía pela porta dos fundos rastejando e entrava em outra. Os guarda-costas ficavam afastados, dificultando ainda mais sua localização.

No dia 20 de fevereiro, desencadeamos a Operação Nazca pra desmantelar o que restou da quadrilha. A missão era tomar a casa do Amaral Duclona, um dos líderes, efetuar prisões e fazer o vasculhamento pra apreensão de armas, munição e drogas. Partimos às 3h30 da madrugada pro bairro Bellecour, na parte sul de Cité Soleil. Nós, da equipe de caçadores, nos concentramos num muro. Eu fiquei com a frente da casa, precisava estar bem posicionado. Fiz um assento numa escada com um rolo de cabos pra estar em condições de pegar qualquer um que atirasse contra nós. Estava muito escuro e usamos visão noturna na infiltração sigilosa.

Às 4h30, todos os caçadores estavam em condições. Chegaram os Urutus com o restante do Dopaz. Eles caminharam em direção à casa do Amaral enquanto os fuzileiros navais faziam o cerco. Silêncio. A equipe entrou na casa, que estava com a porta destrancada. Em meio ao luxo do piso, dos móveis, das bebidas importadas e das roupas de grife, eles chegaram até uma mesa com mais de dez pratos com a comida ainda quente. Vasculharam a casa inteira, mas os desgraçados conseguiram fugir. Aumentaram o raio de busca, de casa em casa.

As horas foram passando, já estava claro e eu não podia me mexer muito. Não conseguia trocar os pés de posição porque, se trocasse, não ficaria com a visão ideal pra dar cobertura à tropa. A dor começou a me incomodar. Alternar com meu *spotter* também não era uma opção porque eu não podia perder a visão do alvo sequer por alguns segundos. O jeito era aguentar. O que me ajudava era ver através da luneta que estavam prendendo uma porrada de gente e escutar a mesma música que tocava no meu MP3. O aparelho tinha dado pane e só tocava *Back for good*, do Take That. Fiquei oito horas seguidas ouvindo a música, até hoje sei a letra inteira de cor.

Às 12h30, a operação foi encerrada sem o disparo de um único tiro e com uma centena de detidos pra triagem feita pela Polícia do Exército. Ao sair da posição, senti como se os pés estivessem quebrados. Passei a caminhar com dificuldade, mas tinha que seguir em frente, nem os pés me fariam parar.

Seguindo as informações que chegavam, conseguimos prender um bandido na Operação Shaba. O colaborador passou que ele tinha armas em casa. A gente vasculhou o local, mas não encontrou nada. Fomos pra base com ele, que só lá admitiu ter um fuzil M14 e uma pistola 9mm. Retornamos com o criminoso e um cão de busca, que apontou o lugar certinho onde estavam escondidas as armas, 2 carregadores e 15 cartuchos.

Quando pegamos o fuzil, vimos que ele estava com marcas de *mount*, um suporte pra encaixar a mira óptica. Isso não é qualquer coisa. O M14 foi usado no Vietnã e era o preferido dos *snipers*. Como é automático, dá pra fazer tanto o tiro de precisão como o de assalto, em caso de uma situação de combate que envolva encontro e enfrentamento, e até dar rajadas. O bandido não confessou, mas ficamos com a certeza de que aquele armamento era do Hanry PQD pelo detalhamento e precisão do fuzil. A luneta não estava ali por uma hipótese: havia estourado junto com ele quando recebeu o tiro do nosso Barret .50.

O Blade e seus comparsas precisavam de toda ajuda possível pra continuar respirando e estavam conseguindo. Até a CIA e a Polícia da ONU (Unpol) entraram no planejamento das operações. Com as novas parceiras, a gente deflagrou as missões Blade Again, em 4 de abril de 2007, e Blade Runner, em 9 de abril. Na primeira, fomos em Ti Haiti, lugar onde os colaboradores falavam que o Blade morava. Vasculhamos casas e o canal que separa Ti Haiti de Bois Neuf. Não encontramos o alvo. Saímos com dois detidos — nenhum deles líder da quadrilha.

Na segunda ação, na Avenida Soleil 10, o colaborador da CIA estava desorientado. Não sei se era nervosismo, mas eu já sabia que a gente não ia pegar o Blade naquele dia. Ele apontava umas casas que não tinham nada a ver, obrigando a tropa a vasculhar. No fim das contas, acabou valendo a pena porque os soldados fuzileiros começaram a reconhecer criminosos. O saldo foi positivo: os fuzileiros conseguiram deter 13 homens com ficha criminal confirmada.

O clima dos Comandos era de irritação. A gente sabia que estava com a imagem muito boa por conta das operações anteriores bem-sucedidas, mas não adiantava, a gente queria todos os resultados positivos. Não descansaríamos. A data do retorno ao Brasil se aproximava e estava fora de cogitação voltar sem cumprir essa missão. Precisávamos agir.

Não usaríamos a CIA, a Unpol, nada dessas coisas. A gente usaria o que tinha dado certo até ali: o Dopaz. Decidimos que, se não dava pra pegar o Blade, pegaríamos um de seus guarda-costas e o faríamos entregar o chefe. O problema é que os seguranças eram muito leais a ele, até porque o Blade era maluco: se desconfiasse de alguém, não perguntava nada. Só matava. A gente sabia que seria difícil, mas, se quiséssemos deixar o Haiti com a missão cumprida, teria que ser assim.

* * *

A essa altura, o Kid Bleu já tinha oferecido um prêmio de três mil dólares a quem prendesse o Blade, e a gente combinou que, se conseguíssemos, faríamos um superchurrasco pra Base Bravo inteira, só coisa boa. Com o prêmio anunciado, passamos a incentivar ainda mais a nossa rede de colaboradores. Nessas condições, é preciso ter experiência pra sacar quem pode dar informações confiáveis, e a gente tinha essa ferramenta: era o Yoda, nosso Inteligência.

O Yoda foi procurado por um garoto, menor de idade, e ele disse que poderia dar a localização do chefe dos seguranças do Blade. Segundo o menino, que não era da nossa lista de colaboradores, o bandido era seu vizinho e estuprava sua irmã de 12 anos diariamente. Por isso, queria justiça. O Yoda viu a oportunidade e fechou com o garoto. Foi uma cena muito estranha quando o Yoda concordou. O menino pulava de alegria, literalmente. O Haiti nunca parava de surpreender.

No dia 8 de maio, foi deflagrada a Operação Caça-Vampiros. Era 1h30 da manhã quando e seguimos pra Ti Haiti. Uma hora depois, já estávamos com o filho da puta que seria o chefe dos guarda-costas, que não queria falar de jeito nenhum. Como planejado, retornamos pro Check Point 21, onde ele seria entrevistado pra gente descobrir a casa em que o Blade dormia. Nós fomos claros: falamos que ele poderia ter sido visto com a gente e isso era uma sentença pra quadrilha dele. Mas, se de fato colaborasse, a gente poderia pedir proteção. Afinal, essa era a única maneira de sobreviver.

O cara entrou em desespero e confirmou que era chefe dos guarda-costas do Blade. Em seguida, deu um endereço que disse ser o local onde o líder da gangue dormia. Retornamos ao Ti Haiti, entramos na casa e não encontramos nada. Voltamos com o segurança pro Check Point. Foi mais uma hora de entrevista até ele entregar um novo local. Disse que o Blade tinha passado a dormir em várias casas na mesma noite porque sabia que estava sendo ameaçado. O bandido só dormia duas horas, acordava e saía rastejando pra outra casa. Aí, na segunda casa, fazia o mesmo, e assim por diante. Ele realmente soube dificultar ao máximo nossas buscas.

Partimos pro novo endereço com o chefe dos guarda-costas. Chegamos em silêncio, arrombamos a porta e demos de cara com o Blade, a mãe e a esposa. O Bodão anunciou:

— *Nations Unies: arrêtez ou je tire!*

A frase em francês era um aviso: "Nações Unidas: pare ou eu atiro." A gente estava tão seco pra pegar esse cara que o nosso companheiro Gago teve uma atitude incomum antes de prender o Blade. Naqueles segundos que precederam a ação de algemá-lo e levá-lo pra viatura, Gago olhou pro vagabundo, o abraçou e começou a gritar:

— Blade, eu não acredito! A gente te achou! A gente te achou!

Começamos a rir e o Blade não entendeu nada. Pelo rádio, o Bodão, que assumiu a função de Kid Preto naquela missão — o capitão Kid Preto tinha ido ao Brasil acompanhar o nascimento de seu primeiro filho —, deu a notícia mais esperada há meses:

— Kid Bleu, é o Kid Preto!

— Prossiga, Kid Preto!

— Capturamos o Blade. Repito, Blade capturado! Os cães voltam pra base com um troféu!

— Parabéns, Kid Preto! Missão dada, missão cumprida.

Foi a viagem mais fantástica que a gente fez até a base. O telefone não parava, todo mundo ligando, parabenizando, comemorando, e o Blade, arrogante que era, nos encarando e ameaçando a tropa de vingança e de morte. Mas nem dava pra levar a sério. A gente estava tomado pela euforia.

O Departamento de Missões de Paz da ONU (DPKO) já havia recebido as boas-novas e preparava o discurso pra contar à imprensa de Nova York que um dos maiores líderes criminosos do Haiti tinha acabado de ser preso pelos capacetes azuis. Chegamos à base e levamos o troféu pra sala pra que o coronel Kid Bleu conversasse com ele.

As regras tinham sido alteradas. Nós não poderíamos mais fazer interrogatórios oficiais. Isso aconteceu depois que o governo do Haiti pressionou a ONU pra mudar as normas. Eles falavam que temiam que capturássemos o Amaral Duclona, bandido que poderia apontar uma suposta ligação do governo com grupos armados da Cité Soleil. Seguindo as regras, colocamos o Blade sentado pra esperar. Fui encarregado de vigiá-lo. O Kid Bleu chegou e eu testemunhei uma das cenas mais marcantes da minha vida militar. O comandante se colocou na frente do Blade e anunciou:

— Sr. Blade, eu sou o coronel Barroso Magno, comandante da tropa que o prendeu.

O Kid Bleu leu os direitos dele e complementou:

— Enquanto o senhor estiver sob minha responsabilidade, será tratado conforme as normas da ONU e da Justiça do seu país, o senhor tem a minha palavra. Nada além da justiça lhe será aplicado.

Assim que o coronel saiu da sala, finalizei:

— Faz uma gracinha e eu vou te mostrar a justiça dos Comandos, filho da puta!

* * *

O churrasco financiado pela recompensa foi uma das coisas mais lindas e catárticas das nossas vidas. Foram as melhores bebidas e carnes que a gente tinha consumido por lá. Os sorrisos eram onipresentes, os latidos iam e vinham e as palavras de agradecimento e de admiração não paravam de chegar a todos nós. Foi o desfecho que nunca imaginamos quando desembarcamos no aeroporto de Porto Príncipe.

Eu, que até então vivia em meio a questionamentos sobre o país que odiava os capacetes azuis, de solo claro que parecia querer nos cegar e fazer desistir, de tumultos formados em qualquer esquina e cheio de olhares de fome, de tristeza, de ódio e de falta de esperança, a partir dali comecei a conhecer o Haiti de maneira visceral. Fiquei mais horas no complexo de favelas mais indesejado do país do que qualquer haitiano que não fosse morador de lá. Eu e meus irmãos Comandos sentimos a poeira na pele, na boca e nos olhos. Fomos nós que costuramos as feridas uns dos outros quando nosso sangue vertia dentro dos prédios que o governo tinha construído pras crianças, mas que acabaram se tornando fortalezas de criminosos. Fomos nós que impedimos milhares de sequestros de bebês e crianças. Fomos nós que recebemos os abraços de quem era ameaçado de tortura, de morte, e que já tinha certeza de que era invisível. Fomos nós, os Comandos, o Dopaz, os fuzileiros navais, o Brabat, que não desistimos de enxergar.

Estávamos prontos pra voltar com os sorrisos e as palavras mais bonitas que poderíamos ter ganhado dos haitianos. Nós, assim como nosso comandante Kid Bleu, agora éramos chamados de *mon ami*. Isso, sim, era missão cumprida.

CAPÍTULO 13

Já no Brasil, de volta à equipe de instrução da Divisão de Ensino do Centro de Instrução de Operações Especiais, o Bodão me chamou pra conversar:

— Assombroso, por causa do seu número de baixas no Haiti, o coronel pediu pra eu ficar de olho em você. É natural que ele pense assim, uma vez que isso deve ser novo pra ele. Ter um integrante da unidade voltando de uma missão real e com um *score* como o seu é delicado, então a gente tem que entender.

Eu entendi. Durante a formação, a gente aprende que as diretrizes que moldam o Estágio de Caçador de Operações Especiais (Ecoe) vêm da experiência dos *snipers* das Forças Especiais do Exército Americano, o Special Forces Sniper Course, referência mundial. Um dos dados que recebemos é impressionante: de todos os que se formam nesse curso, 5% a 10% não darão o primeiro disparo em alvo real. E não para por aí. Desses que conseguem fazer o disparo letal, 15% a 25% não conseguem disparar pela segunda vez e entram na chamada baixa psiquiátrica.

Matar não é tarefa fácil. Observar o alvo pela luneta é foda. Você enxerga detalhes do inimigo que nem mesmo em situação de combate aproximado seria possível observar. Você vê as expressões do rosto do alvo, e aí reside um ponto importante: os olhos do oponente. Os olhos humanos impressionam. Isso eu aprendi com um instrutor de uma das Forças de Defesa Israelense (IDF), o capitão Avner. Ele me alertou sobre esse fenômeno e me instruiu a treinar atirando contra alvos com olhos humanos pra me habituar à imagem.

É essencial ter a convicção de que a ação de apertar o gatilho não vai gerar efeito colateral porque, com essa certeza corrompida, é impossível disparar. Eu tive sorte, não lutei numa guerra convencional, em que o inimigo é um homem fardado como eu, com família — e que só é meu inimigo porque está do outro lado. No Haiti, o cenário era simples: de um lado, as quadrilhas que torturavam bebês, crianças, adolescentes e mulheres; do outro, soldados do mundo inteiro empenhados na Minustah, Força de Paz que busca garantir o direito da população de viver. Isso foi fundamental pra eu não ter nenhuma alteração significativa. A única diferença que a minha esposa notou quando voltei foi que eu ficava agitado quando estava em um lugar cheio e mais impaciente em engarrafamentos. Não houve nenhum episódio de surto, mas a preocupação do coronel era compreensível.

Investi em atividades que aliviavam a minha angústia. Passei mais tempo fazendo caça submarina, realizava saltos de paraquedas e aumentei minha atividade física diária. O tempo passou e a minha situação permaneceu estável. Em uma das vezes que percebi o Bodão me monitorando enquanto eu conduzia um grupo de alunos pelo terreno, cheguei perto dele e sussurrei:

— Capitão, pode deixar que eu não estou ouvindo vozes. Nenhum deles vai morrer nas minhas mãos.

Ele riu muito. Apesar da calma, minha situação não estava fácil. A galeria de artes onde minha mulher trabalhava fez cortes no salário, e o aluguel ficou quase impossível de pagar. Surgiu a oportunidade de morar numa casa na Vila Militar do Camboatá. Avisaram que a casa estava inabitável, mas eu me comprometi a fazer daquele lugar o nosso novo lar, e assim aconteceu. Enquanto economizávamos no aluguel, podíamos construir com calma a casa definitiva no terreno que tínhamos comprado.

Nunca deixei de manter contato com os amigos e conhecidos que foram pro Haiti desde a minha volta em 2007. Todos eles relatavam a mesma coisa: estava um marasmo total, nenhuma troca de tiro, nenhum confronto ou sequestro e tortura de menores. Sempre bom ouvir que o legado de paz que deixamos continuava firme.

A vida continuou tranquila até 8 de março de 2009, quando saiu a designação pra compor o 12º Contingente de Força de Paz no Haiti. Vou confessar: eu não queria ir. Só que eu sou Comandos, e Comandos não nega missão. Recebi a notícia com desânimo porque a rotina sem atividades de confronto depois de tantas vitórias lá seria chata. Meu relógio ia parar. Dias depois, recebi a notícia de que o Bodão seria o Kid Preto, o comandante do Dopaz 12, e que o Cheval e o Jabuti, que estiveram comigo na missão de 2006, também iriam. Fiquei mais tranquilo e vi que era a coisa certa a fazer. Afinal, estaria com eles e receberia um salário adicional, pago pela ONU, dinheiro que eu tanto precisava.

* * *

A preparação começou em agosto, só que eu já era o Assombroso do 6º Contingente de Força de Paz, a Força Jauru, que pacificou Cité Soleil. Quando cheguei a Goiânia, recebi os olhares famintos por experiência. Bastava parar em um lugar que logo alguém vinha perguntar sobre as ações na missão de 2006. Essa era a parte positiva, mas tinha a negativa, com igual peso. Eu estava com 46 anos, e muitos queriam ver se eu seria capaz de acompanhar o preparo da garotada. O Teste de Aptidão Física, o TAF, é por faixa etária, mesmo no Batalhão de Ações de Comandos. Apesar de mais velho, eu nunca saí da primeira faixa, que é a dos jovens de 18 a 24 anos.

Sempre busquei manter a menção "excelente" até o último dia de serviço e, com essa nova missão, tinha mais incentivo ainda. Não podia deixar o padrão cair. Meu nome estava feito e era preciso honrar o legado dos Comandos. As atividades de natação eram ensandecidas, mas eu não entregaria os pontos. Repeti o hábito de treinar com todo o equipamento, o "tudão". Mais uma vez, só aliviava o capacete e o fuzil na hora de almoçar. Fiz tudo igual, mas com uma evolução: desta vez, nós ministramos um estágio de caçador pros paraquedistas. Deu tudo certo.

A fase de preparação terminou em janeiro e voltei pro Rio bem na época da tragédia das chuvas que derrubaram casas, hotéis e tiraram tantas vidas. Cogitei ajudar nos resgates, mas desisti. Cheguei ao terreno onde estávamos construindo a nossa casa. A chuva também tinha nos atingido. Parte estava destruída. Lama e pedras entraram pela lateral da casa e se espalharam até o meio da construção, levando paredes. O barranco cedeu e caiu, com a terra cobrindo tudo, inclusive nossos sonhos.

A Sônia, minha mulher, ficou pálida, não conseguia falar. Encostei a cabeça dela no peito e a abracei. Naquele momento, eu também estava desorientado, mas precisava dar força pra ela. Ali, com nossos pés na lama, garanti que tudo passaria e seguiríamos com a mesma determinação. A essa altura, eu não queria mais ir. Era muita angústia, perdas pra todos os lados. Eu pensava que nada de bom poderia vir depois de dias assim.

O dia do embarque se aproximava: 10 de janeiro de 2010. Eu vivia mais calado, e a Sônia percebeu. Estava sentado à beira da cama e desta vez foi ela quem me abraçou. A Sônia é muito forte e, segurando meus braços, garantiu que daria conta de tudo, mesmo que o jeito fosse não fazer nada. Rimos e entendi que era pra eu encontrar tranquilidade e ir sem receios.

No embarque, mais um golpe. Minhas filhas novamente não estavam. Só o Victor, a Sônia, sua irmã mais nova e o meu cunhado. Eu via as famílias completas e só parte da minha. Foi foda. Não estava tudo bem, mas minha mulher me garantiu que sim e que a missão precisava ser cumprida. Quando estava subindo a escada do avião, em meio ao barulho dos motores do KC-137, chamei meu cunhado e falei no ouvido dele:

— Se der algo errado, cuida da minha família.

Ele assentiu e embarquei. O avião descolou do chão e a sensação de que não estava inteiro só piorou. Fiquei achando que cairíamos e, por um momento, senti alívio por ter confiado minha família ao meu cunhado caso eu não voltasse. Só que o avião não caiu e eu continuava a me distanciar de casa. Disfarcei as sensações ruins com conversas rasas entre amigos e assim consegui chegar mais concentrado ao Haiti no dia seguinte. É sempre uma batalha mental que eu travo comigo mesmo. Exige muito, cansa, mas é o que me dá razão e serenidade pra continuar.

* * *

A missão era a mesma: realizar operações especiais em território haitiano em colaboração com o Batalhão de Infantaria das Forças de Paz, o Brabat, em benefício da Minustah. Porém, chegar pela segunda vez àquele lugar tão diferente do chão que a gente pisa impactou até a alma.

As sensações que dependem do corpo não mudaram: o ar quente, as pedrinhas brancas arredondadas reverberando o calor e a luz na tentativa de fazer a gente enxergar menos... Mas eu agora pensava: "Desta vez, Haiti, temos história. Não adianta você tentar me incomodar com essas peculiaridades." Eu tinha meus óculos e meu *shemagh* — um lenço árabe — que já conheciam o país. Peguei uma das pedras do chão e passei os dedos nela. Da primeira vez que parti, deixei um terreno sólido pros donos daquele solo. Agora, eu tinha que garantir essa conquista.

Que fosse chato, mas, se era a porra da missão, eu a cumpriria. Deixei a pedrinha branca escorregar da mão e caminhei até a base da ONU pra tirar a identidade. Em seguida, fomos levados pelo Dopaz 11 pra Base Charlie. Enfrentamos aquele trânsito caótico, mas com uma certeza nova: não levaríamos tiros. Estava muito menos angustiado, mesmo com as armas sem munição. Dava pra sentir a diferença. Não sei explicar, mas era claro que havia paz ali.

Chegamos à Base Charlie, bem diferente da Base Bravo, onde ficamos em 2006. Enquanto na Bravo era tudo de alvenaria por ser uma universidade desativada, na Charlie as estruturas eram da Corimec, que produz unidades modulares pra tropas militares: módulos tipo contêiner, com isolamento térmico, à prova de furacão e de terremoto, bem confiáveis. Cada grupo foi pro seu alojamento e nos avisaram que o *debriefing* do Dopaz 11, que a gente estava substituindo, havia sido marcado pro dia seguinte.

A situação estava diferente mesmo. Na primeira missão, mal havíamos chegado e já tivemos que fazer a confirmação da regulagem dos fuzis de precisão dos caçadores. Agora, não havia urgência. Descansei um pouco e acalmei a cabeça. Depois, fui caminhar pela base. Tinha uma parte do muro onde as crianças brincavam, tentando chamar nossa atenção. Foi assim na primeira vez também. Elas viam a gente e bastava dar uma atenção para nos chamarem de "pai". Era incrível! As crianças aprendiam os nossos codinomes no primeiro contato e não esqueciam mais. Eu sempre brincava com elas e fui relembrar os sorrisos dos pequenos. O olhar alegre me fazia bem.

No dia seguinte, às 13h30, nos reunimos pro *debriefing*. O mais importante era o contexto psicossocial porque em fevereiro aconteceriam as eleições legislativas. Uma verdadeira encheção de saco porque o Haiti era instável politicamente. A gente teria que virar babá dos políticos, uma tensão absurda, porque nada podia sair errado, era a manutenção da paz. Não podíamos dar mole.

Quando o relógio marcava 16h50, o Bodão fez um intervalo pra fumar um cigarro. Boa parte dos operadores saiu também pra tomar um ar. Eu fiquei ali dentro, conversando. Três minutos depois, tudo começou a balançar. Uma coisa muito louca! O chão balançando pra um lado e pro outro e ninguém entendendo nada:

— Que porra é essa? Que porra é essa???

Durante os primeiros segundos, achei que fosse o pessoal da Engenharia explodindo alguma carga, mas era um tremor prolongado. Alguém gritou que poderia ser uma viatura mais robusta passando, só que o tremor aumentou:

— Essa porra é terremoto!

Foi aí que se intensificou mesmo.

— Abandonar! Abandonar! Abandonar!

As coisas começaram a cair e a gente correu pra porta, mas era difícil ficar em pé. O Cheval estava mais próximo da saída. Ele tentava alcançar a maçaneta e não conseguia. Eu estava fazendo um esforço grande pra me manter em pé, abrindo a base pra não cair, pronto pra pular quando a porta abrisse. A essa altura, a mobília já nos atingia. O Cheval pegou a maçaneta, girou, girou e nada acontecia porque estava tudo balançando. Ele entendeu que não adiantava insistir. Então, com a maior calma possível, esperou ficar na vertical e, aí sim, girou a maçaneta e finalmente abriu a porta.

Todos pularam pra fora. Eu fui o quarto ou quinto a sair. Toquei o solo com o tornozelo esquerdo e senti a dor da torção. Apesar da incompreensão e da incredulidade diante daquele mundo que chacoalhava com a gente dentro, fizemos o que fomos treinados pra fazer. Corremos pra área mais livre, a portaria do batalhão, e ficamos ali esperando passar. Os segundos viraram horas. Era estranho, monstruoso. Tive a certeza de que tudo estava desmoronando. O que ficava além dos muros sumiria junto com as histórias dos moradores, com os amores que viveram, com as fotos que registraram a felicidade que um dia tiveram.

Desmoronavam diante dos meus olhos os motivos que tanto apertaram meu peito antes de sair do Brasil. Eu sabia que algo terrível aconteceria. Achava que seria só comigo, mas era com tudo que estava à minha volta. Na minha frente, tinha um haitiano ajoelhado gritando sem parar:

— *Jésus revient! Jésus revient!*

Pra ele, era o Juízo Final, e Jesus estava voltando. Olhei pro céu, as aves voavam desordenadas, desorientadas. A antena de rádio da base, com mais de 20 metros, envergava como uma vara de pescar frágil. As rochas e pedras rolavam das montanhas, levantando muita poeira. Uma viatura de cinco toneladas balançava, parecendo que tombaria. Um militar que corria ali perto caiu no chão e começou a gritar, achando que estava delirando. O som era bizarro, algo como um uivo canino.

Naquele momento, eu pensei que aquilo nunca acabaria. Num lapso de sanidade, dei graças a Deus por estar ali. Na minha cabeça, éramos os únicos sobreviventes daquela loucura aptos a socorrer a população. De forma repentina, do mesmo jeito que começou, o chão começou a tremer menos. Começaram a aparecer pontos de fumaça, o que significava incêndios. A antena e o caminhão foram parando de balançar e, quando estabilizaram, nos erguemos. Foi aí que começou o verdadeiro terror.

Os militares de outros pontos da base começaram a aparecer, e todos nervosos. Perguntava-se por um monte de gente. O comandante ordenou que nos reuníssemos ali na entrada. O setor de comunicação contatou os Pontos Fortes, e as notícias eram cada vez piores: o Ponto Forte 16, a Casa Azul e o Forte Nacional não respondiam. No meio do caos, eu ouvi alguém falando:

— Rapaz, a população que mora aqui em volta vai vir pra cá pedir socorro.

Foi só falar. Quando a gente olhou pra alameda em frente ao batalhão, avistamos um mar de gente vindo na nossa direção. Ficamos paralisados. Coração acelerado, respiração ofegante, até que o silêncio foi quebrado pelo comandante:

— Atenção! Atenção! Preparar pra receber a população! Avisa ao comandante da guarda que é pra abrir os portões!

— Coronel! Coronel, mas, mas…

— Mas, nada! É ordem! Vamos abrir os portões!

Isso ia contra todas as normas de segurança, mas era a única coisa que eu e qualquer ser humano poderíamos fazer naquele cenário. Ele entendeu algo antes de todos: essas pessoas não tinham a quem recorrer, a não ser a nós. As regras nunca estiveram tão erradas, e segui-las seria a pior das crueldades. As Forças Armadas são, por natureza, o último recurso, e o comandante sabia disso. Por isso abriu as portas.

Foi uma das cenas mais bizarras que já vi, incompatível com a vida. Quando a sua casa desaba e o seu filho é esmagado, você pega o que sobrou dele e leva pra alguém salvá-lo, pra trazer seu filho de volta à vida. Você não acredita… E era isso multiplicado por mil. Gente amputada, pessoas se arrastando, sendo arrastadas, levadas em carrinho de mão, em lençol, em colo de mãe gritando. Havia trilhas de sangue em todas as direções, sangue em todas as fardas, em todas as roupas e em todas as peles.

Seguindo a ordem do comandante, as equipes médicas correram pro pátio com o material que tinham. Pegamos os colchões da base. Nenhum militar ficou com a própria cama; estavam todos os colchões no pátio pra dar conta da população. Claro que não eram suficientes. Tinham duas, três pessoas dividindo cada um. Lembro-me de um garotinho de 8 anos que entrou correndo com o braço amputado na mão, pedindo pra encaixá-lo de volta. A gente fez o torniquete. Ele estava com uma ferida no rosto e outra na barriga, e o levei para a médica. Todos nós passamos por treinamento de primeiros socorros, e ajudávamos no que podíamos. Me lembro dele deitado no colchão, onde começou a ser atendido. Saí pra continuar recebendo as pessoas, mas toda hora eu passava lá pra saber como ele estava. Em uma das vezes que voltei, vi que colocaram um lençol em cima dele e fui logo falar com a médica:

— Mas como?

— Ele estava em choque, sargento.

— Mas ele entrou andando e falando!

— Sargento, ele estava em choque e certamente tinha ferimentos internos.

— Mas como? Que porra é essa? Que porra é essa??? Meu Deus!

Não estava entendendo nada, era impossível! Continuei ali, sujo com o sangue que não era meu, com o sangue de quem já estava morto... Mas tinha que continuar. Começaram a chegar notícias. A Casa Azul e o Forte Nacional caíram. Não se sabia mais nada além do desaparecimento violento dos prédios que tanto significavam pro país e pra nós.

E não parava de piorar. O Hotel Christopher, sede da Minustah, onde tínhamos alguns oficiais hospedados, também desmoronou. Sem tempo pra absorver as porradas, nosso homem de Operações avisou pra nos prepararmos pra partir. Seguimos atendendo por mais meia hora enquanto não vinha a ordem de sair. O Bodão se aproximou:

— O Hotel Christopher caiu e nós temos a missão de levar a equipe da Engenharia até lá pra iniciar o resgate. Preparar pra partir!

Pegamos o material e fomos pras viaturas. Nos informaram que o coronel Emílio, um grande amigo das Forças Especiais, estava no hotel. O oficial de Comunicações do Brabat se aproximou:

— O coronel Emílio estava numa reunião da ONU no momento do terremoto. A expectativa, infelizmente, é de que não tenha sobrevivido.

Uma notícia que ninguém queria receber. Com as duas equipes do Dopaz misturadas, embarcamos com a Engenharia em direção ao Hotel Christopher. Foi horrível sair do batalhão, porque começamos a ver a destruição. Acho que 90% das coisas ali tinham acabado, desmoronado mesmo. Pra piorar, o local da missão era no bairro Pétion-Ville, mais próximo do epicentro do terremoto, então o cenário era cada vez mais desumano.

Quando entramos na Avenida John Brown, a missão, que é o mais sagrado e intocável pra qualquer Comandos, ficou em segundo plano. Eram centenas de feridos na estrada pedindo socorro, gritando pras viaturas. Assim que surgiu o primeiro grupo na nossa frente, o Bodão mandou parar:

— A gente tem que ajudar essas pessoas!

Das viaturas, a gente olhava, mas não conseguia fazer nada; pareciam zumbis, em estado de choque psicológico e físico também, porque haviam perdido sangue, estavam quebrados e mutilados. Eram filhos com pais, pessoas pela metade, com partes esmagadas, tudo de horror que alguém possa imaginar. Até que o John, sargento do Armamento 1 do Dopaz 11, conseguiu encontrar alguma racionalidade e segurou os ombros do Bodão.

— Comandante, não!

— Mas...

— Bodão, não! Não podemos fazer nada, entendeu?

— Mas...

— Nós não podemos fazer nada, e a gente tem uma missão, que é chegar ao hotel. O senhor sabe!

— Mas, cara, olha isso!

— Não, Bodão, não podemos!

Era um sargento falando pra um capitão. Era um momento solitário, em que o fim encontrava cada um de nós. Pela primeira vez, minhas armas se tornaram inúteis. Os olhos de desespero rogavam por uma ajuda ou até uma promessa, mas eu não podia, ninguém podia. Mesmo que a gente fosse o time mais foda que existiu, um time de médicos de ponta, nada poderia ser feito. Na minha paixão por salvar inocentes, nunca me senti tão impotente. O inferno estava ali, a essência da morte nos encarando e nos desafiando nos corpos despedaçados que usavam suas últimas energias pra estender as mãos em nossa direção. Em meio ao caos, Bodão anunciou com os olhos marejados:

— Ok, vamos embora.

As viaturas seguiram em frente e o silêncio era gigante, maior do que todos nós. O sargento continuava a repetir pro comandante:

— Não dá pra fazer nada, não dá.

O Bodão cruzou os dedos atrás da cabeça e ficou ali tentando se convencer de que ajudar a população era inútil. Assim como ele, eu e todos os outros tentávamos encontrar na desordem dos nossos pensamentos alguma justificativa, qualquer coisa que nos fizesse sentir um pouco menos desprezados. A palavra é essa, desprezado. Um de nós morrer, era esperado. Mas não quem deveríamos proteger. Não eles. Eram pais e mães que carregavam partes de filhos, eram maridos e esposas clamando por um olhar, um toque de alguém que oferecesse esperança. E é exatamente por essa razão que ela, a esperança, é sempre a minha primeira baixa. Ela está acostumada a nos desprezar, a desaparecer de forma visceral, deixando pra trás homens fadados a viver o inferno que é assistir à morte de quem não merece morrer, e da pior forma possível: sozinho.

* * *

O trajeto até o hotel tinha 12 quilômetros, distância que fazíamos em no máximo 15 minutos. Mas, diante da situação, levamos três horas. É que, enquanto se agoniza, o tempo se estende. Acho que é o modo da natureza nos mostrar o quanto somos pequenos. Paramos muitas vezes pra empurrar carros ou remover postes e tantas outras coisas que obstruíam a estrada. Cada vez que a viatura parava, a gente tinha que encarar a nossa impotência.

Nos chamavam, imploravam por uma salvação impossível. Com as fardas manchadas de sangue, lágrimas e suor, liberamos a estrada pra ajuda poder chegar. Sabíamos que era importante o nosso trabalho, que as equipes de socorro usariam aquela via pra acudir as pessoas. Mesmo assim, a angústia e o terror nos acompanhavam. Eu vi o meu reflexo se afastando nos olhos daqueles que eu deveria salvar, e nada vai apagar essa lembrança. Todas as vidas que eu salvei, todos os abraços que recebi das mães que voltaram a poder sair com seus filhos pelas ruas de Cité Soleil foram arrancados de mim de uma só vez. Eu era, de novo, um homem em busca de uma missão, de uma ação em que eu pudesse segurar a mão de alguém e ficar até que ela voltasse à vida. Eu acreditava que era possível, tinha que ser.

Finalmente chegamos ao hotel e encontramos tudo desmoronado, achatado mesmo, e veio a conclusão inevitável e cruel: ninguém sobreviveu. Estávamos doloridos. Braços e pernas adormecidos pelo peso dos 40 carros que removemos do caminho. A maioria era de veículos blindados, porque nessa região montanhosa viviam os mais ricos, os diplomatas, os estrangeiros que não queriam correr o risco de andar pelas ruas do Haiti sem o máximo de segurança. Os carros, que tanto protegeram aquelas pessoas, agora não passavam de obstáculos. Como a blindagem era na maioria de nível cinco, nem adiantava dar tiro. A solução foi fazer do jeito antigo: pegar dos lados, balançar até deslocar o veículo e jogá-lo na sarjeta.

Por causa da dor física, ficou mais difícil pisar sobre os escombros, sobre o que, poucos momentos antes, ainda era um lugar seguro. Começamos a andar à procura de sobreviventes. Pelo rádio, chegou a ordem de não mexermos e não cavarmos nada porque a equipe da China, especializada em resgate, estava a caminho. A política acabou intervindo nesse caso: como a China tinha um grupo no hotel participando de uma reunião, eles pediram a responsabilidade pelo resgate e foram autorizados pela ONU.

Ficamos fazendo a ronda pra ver se encontrávamos alguém e também pra garantir a segurança. Como o bairro era rico, os saqueadores certamente viriam. Comecei a andar, passei por cima do que havia sido o muro e escutei alguém balbuciando. Era um gemido de mulher. Me aproximei e achei o local, que parecia a entrada de uma garagem. O teto tinha caído, e o restante ainda estava preso aos pilares. Eram dois metros de altura, no máximo, e uma abertura que afunilava bastante.

Rastejei com a lanterna na mão. Logo depois, tive que colocá-la na boca porque ficou muito estreito. Quando cheguei à parte que estava bem reduzida, escutei um estalo muito forte. Na hora, tive a sensação de que desabaria em cima de mim e, morto, não ajudaria ninguém. Recuei pra pedir reforço e ouvi mais uma vez o gemido. Novamente gritei pra manter a mulher falando comigo e facilitar a localização exata pelos chineses.

— *Hey, hey! Hey, you! Is anybody there?*

Ela não respondeu. Voltei a gritar e nada. Não havia mais vida ali. Me juntei ao grupo e relatei o ocorrido:

— Porra, Assombra, sinto muito.

Eu devia estar transparecendo mais desespero do que imaginava. Por um instante, tive esperança. Se aquela mulher estivesse viva, talvez o coronel Emílio também pudesse estar. A gente continuou ali até que as equipes chinesas chegaram, já de madrugada. Voltamos pra base, onde a paz também não existia. Sentimos inúmeros abalos secundários e, como era de se esperar, não conseguimos dormir.

Tentando aliviar um pouco da dor, ficamos conversando. Contei que, quando fomos ao setor de comunicação pra saber das outras bases, perguntei desesperado se aquilo tinha acontecido em escala global. Olha a loucura! Pensava nos meus filhos, na Sônia, e me vinha o pânico. Um dos companheiros percebeu e entrou em contato com o Brasil, confirmando que o terremoto só tinha acontecido no Haiti. Cada um pensou numa coisa mais maluca que o outro. Não podia ser diferente. Tudo que enxergávamos era o mundo se despedaçando. Só não esperávamos que caberia a nós consertar ao menos um pouco do que havia restado.

CAPÍTULO 14

O Haiti precisava de um salvador, nós precisávamos de um salvador, mas a verdade é que não havia um salvador. Éramos só pessoas ajudando outras em pior situação. Eu não me refiro só ao estado físico, porque estávamos destruídos por dentro. Eu me sentia um pouco menos real a cada corpo que encarava, a cada par de olhos que fechava com as mãos, a cada peito que parava de respirar no nosso colo. Não deveria existir isso. Definitivamente, aquilo estava além de qualquer coisa compatível com a vida.

Porém, como sempre, um Comandos não tem tempo pra lamentar, mas pra agir. Passamos poucas horas na base e embarcamos nas viaturas, porque chegaram informações que certamente tornariam as vidas que restaram ainda mais miseráveis. O presídio de Porto Príncipe também havia ruído, oportunidade que vagabundo nenhum deixaria passar. Eles mataram os policiais das prisões, roubaram as armas e fizeram diversos ataques a delegacias. Entre os foragidos, estava o Blade, o sanguinário que havíamos prendido em 2007.

Eles simplesmente chegavam diante das delegacias e atiravam. Estavam todos nas ruas, bem armados, e passaram a atacar as equipes que trabalhavam nos resgates pra saquear o que pudessem. Bando de ratos imundos, que roubavam o pouco que as pessoas conseguiram salvar.

E isso só pioraria porque chegavam cada vez mais equipes de resgate e ajuda do mundo inteiro. Só os Estados Unidos mandaram equipes médicas, navios-hospital e equipamentos avançados para que as vítimas fossem examinadas no próprio local de resgate. Sabíamos que muitos desses profissionais eram mulheres e, como os bandidos do Haiti são estupradores contumazes, teríamos que redobrar a atenção. A demanda seria cada vez mais absurda, mas, se tinha alguém pra aguentar o tranco, éramos nós.

Partimos em direção a Bel Air, a região mais populosa do Haiti, e vimos que lá nada tinha sobrado de pé, rigorosamente nada. Quando acessamos a Avenida J. J. Dessalines, semelhante a uma das ruas da Saara, no Rio de Janeiro, um shopping a céu aberto e muito movimentado, ficamos impactados. Todos os prédios estavam no chão e só se enxergava as faixas amarelas do meio da rua. Tanto de um lado quanto do outro havia pedaços de concreto, poeira, casas partidas, pedras, vergalhões expostos e corpos em pedaços que se misturavam aos escombros empoeirados. Tínhamos uma pequena área pra andar com a viatura sem passar por cima dos cadáveres. A avenida era estratégica, uma zona de comércio que os marginais saqueadores atacariam. E, quando há saque, há matança, um quer levar mais do que o outro.

Foram três dias de buscas e patrulhamento. A comida e a água estavam racionadas, os abastecimentos, interrompidos e o aeroporto, fechado. Como se não bastasse, não conseguíamos dormir porque ainda aconteciam réplicas do terremoto. Íamos pro alojamento na tentativa de descansar e tudo balançava. Não tinha como relaxar a ponto de dormir. Ainda bem que éramos treinados pra isso. A esses primeiros dias após a tragédia, somavam-se as notícias horríveis que chegavam a todo momento.

Uma delas, na manhã seguinte ao terremoto, dava conta de que o coronel Emílio, que estava no Hotel Christopher, não sobrevivera. A história da morte dele foi muito dura: era Forças Especiais, muito safo, inteligente, guerreiro, destemido e audaz. Quando percebeu que se tratava de terremoto, ele pulou do terceiro andar do hotel, quebrou as pernas e o quadril ao cair em cima de um contêiner onde ficava o gerador. Mesmo com as fraturas, ele rastejou, mas uma placa de concreto caiu na cabeça dele e finalizou sua luta pela vida. Foi angustiante assimilar isso tudo.

Quando aceitei ir pro Haiti, me confortava saber que reveria um velho amigo do Camboatá. Eu gostava do coronel Emílio, tinha cumprido muitas missões sob seu comando e o achava um exemplo de ser humano. Agora, ele tinha ido. Junto com tanta gente.

* * *

Desistir não é da minha natureza. O destino me queria vivo. Enquanto a vida se impunha a mim, eu caminhava desviando de cadáveres. O sangue do primeiro dia ainda estava na farda. Era difícil perceber quando eu mesmo sangrava, porque tinha tanto sangue grudado em mim que não sabia mais distinguir. Acho que é a forma de Deus mostrar o quanto somos iguais e como somos destruídos com facilidade.

As moscas traziam mais desconforto. Elas pousavam nas pessoas que dias antes faziam planos e nos obrigavam a testemunhar o apodrecimento do que realmente somos: só carne e ossos. O cheiro piorava nas ruas e em nós. O vento se tornava ingrato. Não havia água, a comida era racionada de forma radical. Mesmo assim, a gente saía na esperança de encontrar alguém com vida. Se estivéssemos errados, o que poderíamos perder?

Os cemitérios eram improvisados em qualquer lugar porque os convencionais tinham sido destruídos, o que não faria diferença, já que não caberiam tantos mortos. Mas era preciso enterrar os cadáveres pra evitar doenças. Fomos paralisados algumas vezes durante a ronda quando, na nossa frente, surgiam caminhões despejando os corpos em enormes buracos.

O trabalho era interminável. Toda vez que víamos alguma possibilidade de vida, entrávamos nos poucos espaços que restaram depois da queda dos prédios. Entramos nos escombros de uma escola. Criança, quando se sente em perigo, corre pra casa, pra escola ou qualquer lugar no qual confia. E foi por meio da confiança que centenas morreram. Entrei no que era uma sala de aula e vi cabelos enfeitadinhos, mãozinhas abertas, brinquedos espalhados e placas de concreto sobre os corpos. As pernas vacilaram. Agachei e juntei as mãos. Eu não entendi e ainda não entendo. Os companheiros me deram tapas nas costas e me chamaram pra sair porque, diferentemente do que deveria ser, não havia mais vida por ali.

Não podíamos parar o trabalho, porque mesmo as pessoas que ainda tinham uma casa habitável, fosse um barraco de lata ou madeira, rejeitavam a ideia de dormir no lugar, dado o nível do trauma; dormiam na rua, com os poucos pertences que restaram. Os saques eram diários e o patrulhamento, incessante. Nossos motoristas tinham que ter cuidado pra que os pneus não lançassem pedras e detritos nas pessoas que dormiam nas sarjetas. Apesar do nosso empenho, era preciso mais ajuda. Foi, então, que os próprios sobreviventes criaram a figura do "xerife de rua", homens em idade de combate que montavam guarda com facões enquanto os outros dormiam.

Quando cruzávamos com eles, se sentiam aliviados e agradeciam. A noite do Haiti tornou-se assustadora. Se antes o escuro parecia intenso, agora, sem energia elétrica alguma, era um breu inacreditável. Quando a lua não aparecia, não se enxergava um metro à frente. A luz só vinha das nossas viaturas. Por isso, o sorriso tímido dos xerifes de rua quando nos viam.

Os navios-hospital do Estados Unidos chegaram, e sentimos algum alívio. Em seguida, o aeroporto foi reaberto e aterrissaram vários aviões, entre eles o gigantesco cargueiro Lockheed C-5 Galaxy. Desembarcaram também as equipes da imprensa. A gente sabe que o trabalho dos jornalistas é importante e, como eles sairiam pelas ruas pra registrar a situação, o comando do Brabat ofereceu à imprensa brasileira uma opção mais segura: eles acompanhariam as rondas do Dopaz. Explicamos que havia muito bandido, que não tinha como eles caminharem de forma segura. Aceitaram a proposta, até porque, ao nosso lado, eles chegariam a locais que ninguém alcançaria.

Na companhia de duas equipes de televisão, uma delas da TV Globo, partimos pro Hotel Christopher. O terror, ainda desconhecido por eles, se apresentou com tudo. O motorista teve que ir devagar, desviando dos corpos no chão. Diante de uma dessas cenas, uma repórter desmaiou e caiu no chão da viatura. A Lilia Teles, da Globo, aguentava firme e repetia a mesma frase:

— Meus Deus, o que é isso? Meu Deus! Meu Deus, o que é isso?

Depois desse primeiro choque, passei a bater nos ombros dela com frequência pra tentar passar segurança:

— Tá tranquilo, tá tranquilo. Foca a missão de vocês.

Ela acenava com a cabeça e pareceu ter funcionado porque ninguém mais desmaiou.

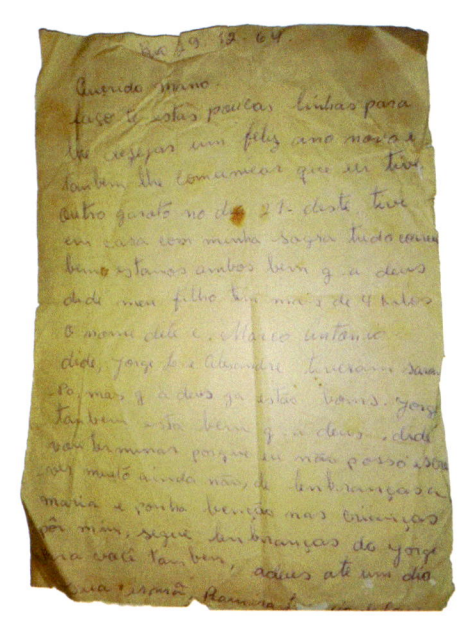

Carta enviada pela mãe de Marco para o irmão mais velho dela, anunciando o nascimento do novo filho.
Rio de Janeiro, 1965.

Família reunida em São Cristóvão, próximo ao estádio do Vasco, para o Congresso das Testemunhas de Jeová.
Rio de Janeiro, 1976.

Com colegas de instrução no dia do primeiro salto de paraquedas.
Campo dos Afonsos, Rio de Janeiro, 1983.

Equipe de instrutores e estagiários responsáveis pelo primeiro salto de paraquedas de Marco. Campo dos Afonsos, Rio de Janeiro, 1983.

Pórtico recém-inaugurado do 1º Batalhão de Forças Especiais em Colina Longa. Deodoro, Rio de Janeiro, 1984.

Em atividade no Curso de Ações de Comandos. Deodoro, Rio de Janeiro, 1984.

Marco reencontra a enfermeira Jean Baptiste Mimose onde a resgatou, um ano depois. Porto Príncipe, Haiti, 2011.

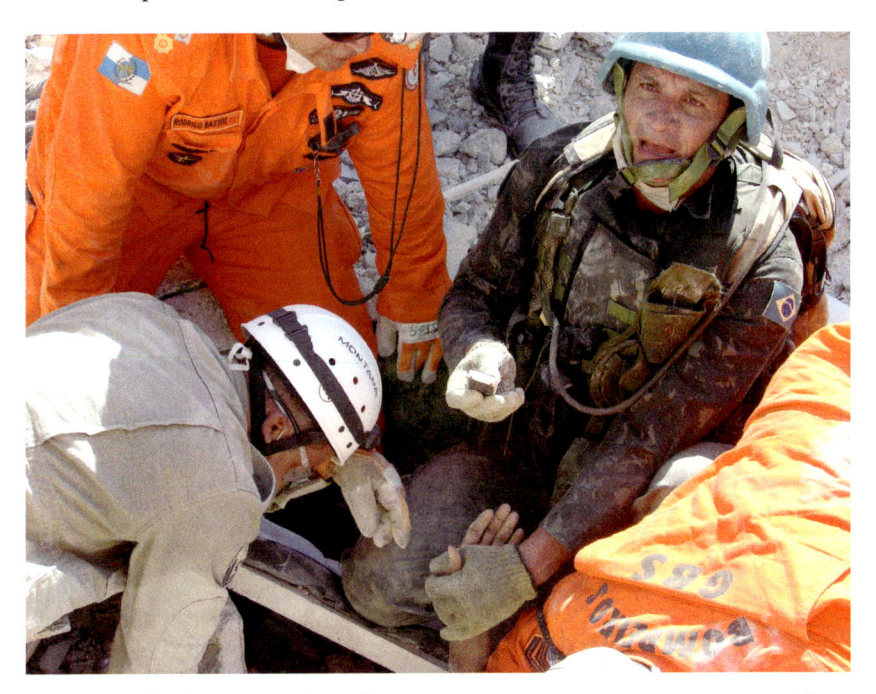

Participando do resgate da enfermeira Jean Baptiste Mimose na avenida Jean-Jacques Dessalines. Porto Príncipe, Haiti, 2010.

Dois registros do resgate da enfermeira Jean Baptiste Mimose na avenida Jean-Jacques Dessalines. Porto Príncipe, Haiti, 2010.

Após neutralizar a última resistência (o atirador de M60) da Base Jamaica, Assombroso ouve pelo rádio: "Fortaleza dominada" e olha para o último forte da gangue sem mais a necessidade de buscar proteção. Porto Príncipe, Haiti, 2007.

O Dopaz preparando-se para a investida contra a Base Jamaica durante a Operação Sudamericano. Porto Príncipe, Haiti, 2007.

Instrução de transposição de curso d'água do Curso de Ações de Comandos. Forte do Imbuhy, Niterói, 1984.

Com o pai, o irmão, a madrinha e os primos na formatura do Curso de Ações de Comandos. Deodoro, Rio de Janeiro, 1984.

Letra da canção "Maldito cão de guerra", de autoria de Marco, 1985.

Instrução sobre conduta de prisioneiros de guerra (campo de concentração e fuga e evasão), durante o Curso de Ações de Comandos.
Parque Nacional de Itatiaia, Rio de Janeiro, 1984.

Acompanhado do seu *spotter* (observador), Pandeiro.
Porto Príncipe, Haiti, 2007.

Adestramento de tiro do Dopaz 12 na Casa de Matar do Brabat.
Porto Príncipe, Haiti, 2010.

Em Levantamento e Estudo de Área (LEA) na ilha de La Gonave.
Haiti, 2010.

Atividade de Pista de Combate em Localidade (PCL), na área de instrução do 1º Batalhão de Forças Especiais. Guadalupe, Rio de Janeiro, 2011.

Instrução sobre conduta de prisioneiros de guerra (campo de concentração e fuga e evasão), durante o Curso de Ações de Comandos. Parque Nacional de Itatiaia, Rio de Janeiro, 1984.

Em missão de demolição de ponte sobre o rio Guandu.
Rio de Janeiro, década de 1980.

Aprestamento (preparação) para missão de infiltração por meio de SLOP (Salto Livre Operacional). Rio de Janeiro, 1988.

Diploma de Melhor Atirador do 1º Batalhão de Forças Especiais. Goiás, 1987.

No 1º Batalhão de Forças Especiais em posição de tiro com fuzil FAL (Fuzil Automático Leve, produzido pela Fábrica Nacional de Herstal, Bélgica) no início das atividades da pista de combate em localidade.
Camboatá, Rio de Janeiro, 1989.

Em instrução de montanhismo no Pico das Agulhas Negras. Itatiaia, década de 1990.

A Casa Azul, ponto de resistência de bandidos em Porto Príncipe. Haiti, 2006.

Em posição de tiro com o fuzil M24 Sniper Weapon System da Remington (Estados Unidos), na caixa d'água da Casa Azul. Porto Príncipe, Haiti, janeiro de 2007.

Torreão usado como posição de tiro pelo *sniper* da quadrilha do Evens.
Porto Príncipe, Haiti, 2007.

Equipe de Caçadores do Dopaz 6 em posição de tiro na caixa d'água da Casa Azul.
Porto Príncipe, Haiti, 2007.

Tomada da Escola Nacional e da Base Jamaica pela Operação Sudamericano. Porto Príncipe, Haiti, 2007.

Em posição de tiro sobre um blindado Urutu. Porto Príncipe, Haiti, 2007.

Marco com a esposa, Sônia, e o filho, Victor, por ocasião do embarque para a Missão de Paz no Haiti, em janeiro de 2010.

Chegada do Dopaz 6 no Brabat após a tomada da Casa Azul. Porto Príncipe, Haiti, 2007.

* * *

Nossa viatura se separou do comboio e foi pra Avenida J. J. Dessalines, onde moradores gritavam que tinha alguém vivo, mas era impossível. Já tínhamos estado ali e não havíamos visto nada. Exatamente naquele local, no dia seguinte ao terremoto, fizemos fotos pra registro e vimos grupos quebrando as lajes pra retirar os vergalhões e vender porque lá o ferro vale dinheiro.

Esse pedido de ajuda aos gritos já era comum pra nós. Ele se repetiu diversas vezes e, em todas elas, infelizmente, não passava de desespero e esperança sem motivos reais. Compreensível. Só que desta vez um homem de mais ou menos 30 anos, com um olhar fixo e diferente, veio andando em nossa direção. Ele ia parar a viatura, dava pra notar que não nos deixaria seguir. Falou em crioulo, olhando diretamente pros nossos olhos:

— Minha esposa está viva!

O Bodão deu o comando pra parar a viatura. A Lilia Teles, se sentindo parte da equipe, se desesperou e insistiu pra pararmos. Desci e segui até o local para onde as pessoas estavam apontando. Elas estavam exaltadas e a gente começou a trabalhar. Levantei meus óculos escuros e comecei a mexer nos escombros. Se tivesse alguém ali, seria milagre.

Mas tinha. Nunca vou esquecer. Eu vi o brilho dos olhos de uma mulher, era uma vida que nos aguardava. Ajoelhei, meti o braço, comecei a tirar o que dava pra ser retirado e passei a mão pra verificar se tinha algo a impedindo de respirar. Assim que coloquei meu braço dentro do buraco, ela puxou minha mão com força e eu gritei:

— Tá viva, tá segurando a minha mão! A mulher não me soltava. Perguntei em inglês se estava bem e ela, com a voz muito fraca, respondia em crioulo:

— *Byen, byen!*

O Bodão comandou o resgate: separou alguns homens pra fazer a segurança, acionou uma equipe do Corpo de Bombeiros do Rio de Janeiro pra ir até nós e afastou as pessoas do local pra ninguém pisar em algo que pudesse prejudicar a vítima. Iniciamos a retirada dos escombros com nossas próprias mãos. Ela não me soltava e eu deixei, não resisti. Chamei o Bodão pra traduzir pro francês o que eu dizia e repeti pra ela:

— Eu vou te tirar daí, fica tranquila. Confia! Pode confiar, eu vou te tirar daí.

Mesmo fazendo a promessa, ela não soltava minha mão. O povo haitiano tem um histórico de abandono. A mulher achava que não viriam buscá-la, que seria abandonada à própria solidão. Por isso, deixei que me segurasse o quanto quisesse. Ela estava ali havia três dias! Foi encontrada pelas pessoas que removiam os vergalhões. Durante o tempo em que estava soterrada, o marido repetia que tinha certeza de que ela estava viva. Por isso, desde o dia do terremoto, ele montava guarda no local, esperando ouvir a voz da esposa.

No prédio em que a mulher estava, tinham 60 pessoas. Só ela sobreviveu. Não dá pra explicar. Ela confiou em mim, expliquei que tinha que soltar a mão um instante para a equipe médica checar seus sinais vitais. Mas, mesmo com os sinais sendo monitorados, voltei a dar a mão a ela.

Desde que deixamos a base, estávamos cientes de um alerta enviado pelos americanos de que haveria uma réplica de terremoto às 13h30. Quando chegamos, vimos uma imensa parede toda rachada, prestes a cair. Era certo que desmoronaria em cima de quem estivesse ali. A ordem era para todas as equipes abandonarem os trabalhos de resgate assim que desse o horário. Por isso, enquanto ela segurava minha mão, os médicos observavam seu estado e os bombeiros trabalhavam pra tirá-la dali. O Bodão se aproximou e avisou:

— Está chegando o horário.

Todos se entreolharam, e eu avisei:

— Não vou sair daqui. Eu prometi pra ela que não sairia. Com terremoto ou não, só saio se o senhor me der a ordem.

Em seguida, o major dos Bombeiros anunciou:

— A minha equipe vai ficar.

E todos decidiram permanecer ali, ao lado dela.

A apreensão aumentou, mas continuamos focados e o trabalho fluiu. O médico me chamou pra conversar:

— Marco Antonio, os sinais vitais dela, pelo monitor, estão bons. Mas, às vezes, quando a gente tira pessoas nessa situação, elas morrem por causa de lesões internas e hemorragias estancadas por conta da pressão do peso que está em cima do corpo. Esperamos que não, mas não se anime muito porque podemos tirá-la, ela entrar em choque e morrer. Vamos pedir a Deus.

Fiquei estarrecido. Como aquela mulher, a única que sobreviveu e esperou três dias debaixo dos escombros, conseguiria sair pra depois morrer? O tempo foi passando, o trabalho evoluindo e, apesar da expectativa, nenhum tremor foi sentido. Encontramos um corpo atravessado em cima dela, estávamos perto. O major médico me liberou pra gotejar água na boca da mulher. A população que se reunia em torno ficou em silêncio.

Eu continuava a segurar a mão dela e conversava, ignorando qualquer previsão ruim. Quando, enfim, não havia mais nada sobre ela, foi uma cena linda! A gente finalmente a tirou dali e, de repente, parecia que estávamos conquistando um título de Copa do Mundo. A população toda festejou, pulou e gritou:

— Brasil! Brasil! Brasil!

Eu não perdi a oportunidade de olhar pra ela e dizer:

— Não falei que ia te tirar daí?

Ela me respondeu juntando as mãos como quem diz "amém". Foram seis horas de trabalho sem intervalo. Todas as equipes envolvidas de corpo e alma, com força e fé. Homens que não dormiam, não comiam e estavam também despedaçados com tamanha desgraça. Ainda assim, escolheram estar ali, mesmo sob risco de morte. Eu tinha sorte e sentia orgulho de trabalhar ao lado deles. O médico continuou cuidando da vítima e a levou para o hospital. Nossa equipe se abraçou, se parabenizou. Era a vida mostrando que ainda existia e que valia muito a pena.

Renovados pelo milagre, passamos a enxergar um horizonte melhor. Os Estados Unidos enviaram bastante gente. As equipes médicas levavam maletas para exames de imagem na própria rua, atendiam centenas de pessoas nos navios-hospital, transportavam feridos graves de helicóptero e traziam suprimentos. A gente continuava ajudando e atendendo no hospital improvisado na base. Os hospitais do Haiti estavam em ruínas e toda ajuda tornava-se necessária. Mas não era só o socorro às vítimas. Nós continuávamos fazendo a segurança e procurando pelos bandidos que escaparam da cadeia.

Como, depois de um certo número de dias, é dado como impossível encontrar alguém com vida, começaram os trabalhos de remoção dos escombros e corpos ao mesmo tempo que fomos direcionados pra missão de recaptura. Foi quando recebemos uma informação surpreendente: segundo colaboradores, logo após o terremoto, o Blade voltou pra Ti Haiti e começou a aterrorizar os moradores, alegando que, como os militares estavam ocupados com as vítimas, ninguém mais iria prendê-lo.

Porém, antes que ele pudesse se sentir à vontade para matar, estuprar e torturar, mulheres estupradas pelo Blade e pelo bando dele se uniram pra assassiná-lo. Com facas, elas o retiraram de casa, o arrastaram até o Porto de Waff, onde há um píer usado por pescadores, cortaram o Blade até a morte e esquartejaram o corpo, jogado aos pedaços no mar. Fomos ao Porto de Waff e lá confirmamos as informações. Era menos um pra nos preocuparmos.

* * *

Integrei um grupo composto por homens do Dopaz e dos fuzileiros navais que viajou pra uma ilha-satélite do Haiti, a Lagonav. Havia a informação de que bandidos tinham fugido pra lá. Passamos duas semanas na ilha pra fazer um Levantamento e Estudo de Área (LEA). Foi horrível. Assim que cheguei, tive a impressão de estar na Idade Média. Não havia energia e água doce, a expectativa de vida não chegava a 39 anos, os mortos eram enterrados no quintal de suas casas e as mulheres morriam de doenças ginecológicas simples.

Não tinha assistência médica e o número de pessoas vivendo com HIV era alarmante. Lá havia até um ajuntamento de pessoas com hanseníase, uma vila mantida por um haitiano que só deixava o lugar pra pegar donativos. Os doentes se amontoavam nos cômodos. Parecia que estávamos na caverna retratada no filme *Ben-Hur*. Terrível. Pra completar, a ilha estava em pleno processo de desertificação porque, pra cozinhar, eles cortavam a vegetação pra fazer carvão. Foi uma experiência marcante. Não encontramos nenhum criminoso por lá. No fim da missão, deixamos nossas comidas e nossa água na vila.

De volta ao continente, estávamos empenhados na reconstrução. É claro que aproveitei os dias pra visitar a mulher que resgatei. O nome dela era Jean Baptiste Mimose, uma enfermeira que não sabia que estava grávida antes do terremoto. Conversei com ela e com o marido nas visitas. Algumas delas foram gravadas pela imprensa. Eu quis saber o que ela tinha feito de diferente das outras 60 pessoas que estavam no prédio e não sobreviveram. A Jean contou que, quando tudo começou a tremer, lembrou-se dos livros que recomendavam, em casos de terremoto, pular numa banheira ou ir pra debaixo de uma mesa. Então, ela se escondeu debaixo de uma cama de ferro. Depois disso, a Jean relatou que caiu e tudo ficou escuro e silencioso. Foi quando ela pediu a Deus que a tirasse dali, e teria ouvido: "Não se preocupe porque eu vou enviar um emissário pra te tirar daí. Enquanto isso, reze e cante."

E foi o que a Jean fez. Na segunda noite, ela estava com muita sede e decidiu parar de cantar. Passou a só rezar e conversou com Deus novamente: "Jean, você está grávida!" Ela respondeu: "O Senhor disse que alguém vinha me buscar!" E ouviu: "Você acredita em mim? Eu disse que vou mandar um emissário te buscar e ele virá."

Nesse momento, a repórter entrou na conversa e perguntou:

— E quem era esse emissário?

A Jean apontou pra mim. O câmera tirou os olhos do visor e se emocionou. Eu, claro, chorei muito. Sou grato demais a ela, à mulher que me devolveu a certeza de que há algo de especial na existência de cada um de nós. Ela disse que o filho se chamaria Marco Antonio, e combinei que eu viria do Brasil pra batizá-lo.

A Jean Baptiste foi transferida do hospital de campanha pra um hospital melhor, dos Médicos Sem Fronteiras. Eu ainda recebia notícias dela, soube que a gravidez era de trigêmeos, mas infelizmente os bebês não sobreviveram. Apesar de tanta dor, permanecem as imagens do brilho dos olhos da Jean sob os escombros, sua mão segurando a minha e o seu dedo em riste apontando pra mim como emissário enviado por Deus. Honestamente, sei que essa história é maior do que eu, mas só d'Ele ter permitido que eu participasse já fez valer a minha vinda à Terra.

CAPÍTULO 15

Quem sabe, da segunda passagem pelo Haiti em diante, eu decidisse o futuro jogando uma moeda, porque me acostumar com a vida fora das Forças Especiais iria contra a minha natureza. Talvez o acaso me salvasse, talvez não. Evitei esse pensamento o quanto pude. Queria lançar cada vez mais pra longe a possibilidade de nunca mais vivenciar aquele instante que antecede o tiro. Naquele minuto, que se repetiu tantas vezes, o meu passado importava tão pouco quanto o meu futuro, pois todos os significados estavam ali reunidos. A música que tocava nos meus fones se misturava à respiração calma e aos últimos ajustes.

Nos segundos antes do disparo, éramos só eu, a arma e o alvo, a tríade que isolava o mundo de sua lógica pra dar espaço à garantia da missão cumprida. Saber que eu viveria esse minuto era o que me fazia gostar da vida. Só que o luto inevitável se aproximava e eu não queria pensar nisso. Então, usei a burocracia a meu favor. Ela tem essa vantagem de sequestrar a reflexão, porque há sempre a necessidade de preencher mais um papel ou resolver mais alguma coisa. Mas não teve jeito, a minha hora chegou.

— Marco Antonio, foi publicada sua transferência pra reserva, tá? — avisou, sem rodeios, o brigada, que auxilia o administrativo do Centro de Instrução de Operações Especiais.

Palavras bonitas pra dizer que agora você é um inativo. Me deram a documentação, fizeram a despedida, o comandante — que quase tinha idade pra ser meu filho — fez um discurso e me emocionei. Comemos e bebemos alguma coisa que deveria ter um gosto marcante, mas não passava de mais uma fase. Recebi tapas nas costas e, enfim, tive que ir até o meu armário.

Ainda no automático, comecei a tirar as coisas e jogá-las na mochila. Duvidei se caberia tudo, não havia planejado o óbvio. Só que comecei a tocar em coisas que interromperam a anestesia. Com a mão no meu primeiro cartucho de baixa, lembrei-me da primeira morte. Veio o cheiro da laje poeirenta de concreto, o rosto do alvo e o tapa nas costas que me deram a certeza de que estava fazendo a minha parte nas Forças Especiais. A primeira bússola estava lá, presente de um amigo falecido, que a usou tantas vezes pra definir seu caminho. E também o kit de primeiros socorros, que eu torcia pra não precisar. Uma porrada atrás da outra, que eu tentava guardar e fazer caber na mochila. Foda.

Encarando o vazio daquele armário que sempre foi meu, faltava a última coisa: o cadeado. Enquanto o colocava na mochila, que parecia não querer fechar, compreendi que, a partir dali, tudo que eu havia construído e me tornado estava trancado no passado. O zíper finalmente fechou e coloquei nas costas as lembranças que enfraqueceriam a cada dia até virarem só fotos antigas nas paredes das Forças Especiais.

Passei pelo campo de futebol onde a vida inteira assisti a inativos barrigudos jogarem bola. O dia tão distante em que eu poderia me juntar a eles chegou, mas a verdade é que não estava nem um pouco a fim. Mais à frente, passei uma última vez pelo corpo da guarda, e a sentinela prestou continência. Olhei pra trás, fitei o pórtico do CIOpEsp e me despedi.

* * *

Nos primeiros dias em casa, me concentrei em pequenos prazeres, como ver TV até tarde porque não teria que acordar cedo. Foi bom ter essa semana pra descansar, mas o problema é que viriam outras. Na terceira, eu já estava interrogando Deus sobre tudo aquilo. Comecei a frequentar o CIOpEsp de novo pra não enlouquecer. Achei que, voltando lá, me desapegaria aos poucos.

O centro fica na Região Oceânica de Niterói e eu ia até lá pra praticar caça submarina, conversar sobre as missões antigas e qualquer outro assunto que me dessem a oportunidade de falar. Acredito que eu tenha sido chato pra alguns deles, mas aqueles momentos passaram a ser importantes pra mim. Por isso, ignorei a possibilidade de estar perturbando o dia a dia dos ativos.

Eu não podia me ocupar terminando a construção da minha casa, não tinha dinheiro pra isso. Estava pagando um empréstimo e isso piorava tudo. Precisar de dinheiro é uma merda, mas precisar de uma nova vida é pior ainda, e eu necessitava dos dois. Entre esses dias irritantes e comuns que passei a viver, estava na varanda conversando com a Sônia e o meu telefone tocou. Era um número diferente, internacional. Atendi e era o Bodão. Eu sabia que ele estava na África trabalhando pra segurança de uma empresa privada de mineração.

— Estrume, quer vir pra África trabalhar comigo?
— Porra, Bodão, preciso de um tempo pra pensar.
— Quanto tempo?
— Cinco segundos. Já passou. Sim, eu vou.

Ele me passou poucos detalhes da função, do motivo e dos trâmites. Quando desliguei o telefone, a Sônia me encarava.

— Problema de grana resolvido nessa porra. Vou pra África.

Tivemos que conversar um pouco, mas ela aceitou; sabia que o novo salário finalmente nos livraria do sufoco e também porque nunca escondi minha paixão pela África. Desde que li em 1985 o livro *Cães de guerra*, de Thomas Hardy, o continente passou a ser um sonho. O convite me fez lembrar de quando ainda era adolescente e imaginava pertencer ao Exército Brasileiro. Toda a motivação voltou, e recordei do quanto eu abri mão de estar com a família, de estar na minha casa durante todos esses anos, porque sou um cumpridor de missões. Então, foda-se! Incorporei o personagem do *Cães de guerra*, que diz: "Que não se saiba de minha morte. Nem se sofra por minha causa. E que eu não seja enterrado em solo consagrado."

Iniciei minha preparação. Fiz um curso de Excel com uma professora particular. Passei a correr mais todos os dias pra melhorar a resistência e iniciei os exames de saúde, que eram muitos. Tive um susto no teste de acuidade auditiva: deu perda de audição severa no ouvido esquerdo, herança do Haiti, das explosões das paredes da Escola Nacional na conquista da Base Jamaica. Claro que a decisão de provocar explosões numa sala com todos nós dentro teria consequências. Não há arrependimento. Foi o que precisava ser feito e o sucesso da missão se devia a isso. Mas não aceito usar aparelho auditivo. São as cicatrizes com as quais tenho que conviver, elas que me constroem. Avisei ao Bodão do resultado, e ele disse pra não me preocupar porque eu não precisaria de audição plena pras tarefas que ninguém lá tinha capacidade pra fazer.

Depois de uma série de entrevistas, uma cirurgia de pterígio no olho direito e apresentações sobre o trabalho, avisaram que eu partiria pra África em dez dias. Em 11 de novembro de 2014, desembarquei em Johanesburgo e de lá peguei outro voo pro meu destino final: Tete, cidade do interior de Moçambique. Fui com a cara colada na janela e, como era de manhã, observei o cenário mudando conforme nos afastávamos de Johanesburgo. No início do trajeto, eu avistei as vinhas da África do Sul. Depois, passamos pela cadeia de montanhas na Reserva Natural de Nzhelele, ainda em território sul-africano e ao sul do Zimbábue. A partir dali, tudo ficou árido. O avião pousou no chão vermelho com árvores enormes bem isoladas umas das outras.

A porta da aeronave foi aberta e, como eu estava longe, seria o último a sair. Notei que algumas pessoas hesitavam desembarcar, como se precisassem de um tempo pra tomar coragem. Só fui entender isso quando atravessei a porta. Era um calor que causava a sensação de o corpo estar queimando, em chamas mesmo. Em relação ao clima, o Haiti era brincadeira perto de Tete. Só uma coisa me impactou mais do que a temperatura: o cheiro. Já no aeroporto, me chamou a atenção o cheiro de gente *in natura*. Faz parte da cultura não cobrir os odores do corpo com desodorantes e perfumes. Lá, o cheiro que atrai as pessoas é o natural. Confesso que estranhei, mas era questão de tempo até eu me acostumar.

No caminho pra empresa, vi cenas perturbadoras. Crianças com pouco mais de 5 anos sentadas em cima de montes enormes, quebrando pedra, trabalhando sem proteção alguma em um sol que nem eu aguentaria. Ali notei que a África seria pesada. Cheguei à empresa, me identifiquei na recepção e fui orientado a esperar numa sala. Quando segui, vi o Bodão e o Bragança sentados e me senti em casa. Joguei no canto da sala minhas duas malas, que, na verdade, eram dois sacos de modelo militar verde-oliva, que a gente chama de V.O. Conversamos um pouco e o Bodão me levou pra conhecer o terreno.

Minha função, a partir daquele momento, era evitar furtos e invasões na empresa, que ocupava 55 quilômetros quadrados de área. No ponto culminante, que é o mirante da mina, a imensidão me encarou. A África tem vida própria. Ela te provoca com aridez e calor, te sacaneia ao impedir que você busque sombra porque é onde os insetos te aguardam pra picar e transmitir doenças graves, algumas incuráveis. Não é um lugar que te tranquiliza; é um gigante que te lembra o tempo todo que é mais forte e que, pra você continuar vivo, tem que aprender a sobreviver. E essa era a minha especialidade.

— Bodão, tá tranquilo.

— Tranquilo? Você entendeu que os ladrões invadem e matam aqui? Que eles estão dando prejuízos milionários, roubando caminhões de combustível e mais tudo que veem pelo caminho?

— Tá, tá tranquilo. Eu só quero um tempo pra botar o pé em cada metro quadrado, conhecer essa porra toda e planejar a linha de ação.

— Pois é. Eu fico no escritório e esses filhos da puta me roubam todos os dias! Preciso de você. Faz o que você quiser. Tem carta branca.

* * *

Nos dias que se seguiram, descobri que o cara que eu estava substituindo, por mais que tivesse trabalhado, não resolveu um décimo dos problemas daquela mina de carvão. Agora, a pica estava nas minhas mãos. Soltaram um Comandos no terreno, então o resultado tinha que aparecer. Fiz o mapeamento do território e cruzei com as informações dos mapas mais antigos que encontrei na internet. Tracei a história daquelas terras, acompanhei a abertura de cada trilha e percebi que tinham entroncamentos que ligavam umas às outras.

Essa informação mudava tudo porque agora eu sabia por onde, obrigatoriamente, os ladrões passavam. Batizei as trilhas. Concluí que não tinha como coibir aquele volume de furtos com vigilantes em postos fixos. Implantei uma tática da contraguerrilha do Araguaia. Não adiantava infiltrações com grandes efetivos, então planejei pequenas frações distribuídas isoladamente como subequipes e à paisana. Apresentei o planejamento ao Bodão: extinguir 50% dos postos fixos e usar o efetivo de vigilantes pra formar equipes itinerantes. O Destacamento Chacal foi aprovado.

Passei instruções básicas de campo: como ler as pegadas pra descobrir o total de pessoas, o peso delas, se estavam correndo ou não, se eram homens ou mulheres. Ensinei a calma necessária ao trabalho porque os ladrões corriam muito, então só poderíamos agir quando eles pisassem em nós. Ensinei-os a montar gatilhos de alarmes improvisados, que acusam a aproximação do inimigo, e armadilhas pra derrubar os invasores. Eles vibravam com as aulas.

Era preciso dar moral, mas não só isso. Com o tempo, fui descobrindo peculiaridades. Muitos vigilantes moravam nas mesmas comunidades que os gatunos. Então, quando eles saíam fardados, eram hostilizados na porta de casa. E mais: o cara saía fardado às 2h da manhã pra ir andando até o trabalho, onde chegava horas depois, pingando e fedendo por conta da distância. Então, estudei os caminhos e horários das viaturas da empresa e montei um roteiro pra pegar funcionários em casa. Era irregular, mas foda-se. Se fosse mandado embora por zelar pelos meus comandados, eu não me importaria. E isso deu resultado: os vigilantes passaram a ter orgulho do próprio trabalho.

Até então, ninguém tinha visto um técnico em segurança ficar em campo, chegar à porta do chefe e ser barrado porque estava pingando de suor. Ignorando quem achava que meu salário não valia tanto esforço, ganhei respeito em todas as escalas e obtive autorização pra enviar viaturas à casa dos vigilantes pra levar as esposas doentes ao hospital — algumas vezes por complicações do HIV, infelizmente uma realidade local. Às vezes, eu até acompanhava a família porque, por ser considerado branco, conseguia um melhor atendimento.

A verdade é cruel, mas foi a maneira que encontrei de manter a equipe unida e motivada. Todos ganhavam pouco e qualquer dinheiro que as quadrilhas acabassem oferecendo a eles poderia ser aceito. A ameaça era real e diária. O resultado só poderia ser positivo. Conseguimos preservar 12 milhões de dólares ao impedir roubos e ainda investigamos o caso de uma escavadeira Hitachi EX8000-6 queimada pra pagamento de seguro. A suspeita era de que o incêndio tinha sido provocado pra que um funcionário roubasse combustível. O que aconteceu foi uma pane elétrica. Nós provamos isso. É verdade que eu não recebi nada, mas ajudar, em vários casos, era uma realização pra mim.

* * *

Tudo ia bem. Criei rotinas. Toda sexta-feira eu pegava latas de refrigerante, liberadas nas refeições da empresa, e as distribuía às crianças que trabalhavam na estrada quebrando pedras. Era muito legal ver o olhar delas! Algumas nunca tinham tomado aquilo, sentiam a lata gelada, a encostavam no rostinho e nem sabiam abri-la. Eu ria. Elas eram o meu combustível. Pode parecer que eu estava ajudando, mas a verdade é que eram elas que me ajudavam. Não era fácil estar quase sozinho. No Haiti, eu tinha meus amigos, mas ali eram raros. A angústia apareceu muitas vezes. Então, pra driblar a depressão, passei a fazer algumas coisas que alimentavam a minha alma. Essa era uma delas.

Além das latinhas, eu comprava tudo o que as crianças vendiam. Elas catavam frutas ou matavam passarinhos pra vender no espeto; eu comprava e elas saíam pulando de alegria. Eu nem consumia. Fazia só pra testemunhar a inocência e a felicidade em suas formas mais genuínas. Não tenho como agradecer a cada uma daquelas crianças.

Até que começou a temporada de rondas pra expulsar as famílias que plantavam nas terras da empresa. Na África, os períodos de chuva são bem definidos e, antes que comecem, as famílias semeiam a terra pra plantar ou, como eles chamavam, pra fazer as machambas. Noventa por cento da agricultura em Moçambique é de subsistência, ou seja, é plantar pra não morrer de fome. Eu teria que expulsar essas pessoas, mas não seria filho da puta. Fiz muita vista grossa, mas agora a empresa construiria novas cavas pro carvão. Não poderia ter ninguém ali.

Eu não sei o motivo, mas, para essa missão, determinaram que dois funcionários das relações institucionais me acompanhassem. Pensei que daria errado. Iniciamos a inspeção. Flagramos grupos cavando. Parávamos e mandávamos saírem de lá. Sempre havia resistência passiva, mas, quando a gente falava que levaria pra polícia, eles saíam.

Continuamos a patrulha e avistamos uma cena diferente: um senhor cavando sozinho. Não gostei. Era problema na certa. Saímos da viatura. Enquanto os dois abordavam o senhor, me mantive afastado pra observar. Vi a mulher dele atrás de uns arbustos espinhosos e fui até lá. Ela tinha cavado um buraco, onde acendeu um carvão, e em cima dele estava uma lata amassada com uma massa branca de xima, uma espécie de angu feito de milho branco. Mais à frente, vi uma bebê dormindo na sombra da árvore. A bebê estava cheia de moscas, mas dormia pacificamente. Do outro lado, ouvi os funcionários levantando o tom de voz:

— O senhor tem que sair daqui!

— *Boss,* não posso sair. É daqui que eu tiro meu sustento.

— A gente vai chamar a polícia.

— Tudo bem, *boss*.

— O senhor não tá entendendo? O senhor será preso!

— Não posso sair, *boss*.

Voltamos pra viatura. Os dois conversavam irritados e eu resolvi voltar pra falar com o cara. Os funcionários mencionaram até a FIR, que é a Força de Intervenção Rápida de Moçambique, um grupo antimotim que já chega enfiando a porrada. Pesam sobre eles diversas acusações de execução sumária e de cobrança de propina pra não registrar ocorrências. A corrupção é uma epidemia conhecida, e talvez seja por isso que o moçambicano, ao ver uma injustiça, mata sem preocupação.

Só pra se ter uma ideia, se há um atropelamento e o motorista não sai do carro pra assumir a responsabilidade e dizer que vai reparar o erro, é cercado pela população e pode ser picotado no facão. É um barril de pólvora e a FIR é um espelho disso. Não queria que aquele senhor sofresse algum tipo de agressão. Então, pedi aos funcionários pra conversar com ele sozinho. Voltei e perguntei mais uma vez:

— O senhor não vai sair?

— Não posso, *boss*.

— Mas o senhor não ouviu que eles vão te levar pra polícia?

— Sim, *boss*. Mas, se eu sair, minha família morre de fome. O que eu planto sustenta minha bebê e minha mulher o ano inteiro.

— Quanto o senhor vai produzir aqui?

— Na última vez, foram 16 latas de milho.

Fiz o cálculo e dava 50 dólares por 16 latas. Eu carregava o dinheiro dentro do meu colete. Como estava de costas pro carro, meti a mão e tirei uma nota de cem dólares:

— Chefe, isso aqui dá pro senhor por esse tempo que o senhor vai perder?

— Não, é muito!

— Quero saber se dá.

— É muito!

— Mas dá?

— Dá.

— Então, chefe, toma aqui.

— Não, eu não posso aceitar. Eu vou tirar meu dinheiro aqui da terra.

— O senhor não entendeu? Eles vão chamar todo mundo e vão te tirar daqui.

Consegui entregar o dinheiro sem que os funcionários vissem.

— O senhor vai sair daqui?

— Sim... *Boss,* por que está fazendo isso?

— Não sei.

Quando me despedi, olhei pra mulher dele, e ela, de longe, juntou as mãos como se faz pra rezar e abaixou a cabeça. O olhar era o mesmo da Jean Mimose, a enfermeira grávida que eu resgatei no Haiti, de quem tem esperança, de quem acredita. Nunca vou esquecer. Entrei no carro e falei que o problema estava resolvido. Eles ficaram confusos e me perguntaram várias vezes como eu tinha resolvido:

— Eu falei que ele ia apanhar na frente da mulher.

Eles não acreditaram muito e disseram que era pra eu mandar meus vigilantes no outro dia pra saber se saíram. Soube pelos meus supervisores que, quando os vigilantes chegaram, a família não estava mais lá. Eu embarcaria em pouco tempo pro Brasil e comeria o que eu quisesse. Então como eu poderia prender aquele cara? Não dava, simplesmente não dava. O mesmo eu deveria ter feito com os caras que eu flagrava caçando gafanhotos e colocando-os em garrafas PET. Cacete, o cara ia comer gafanhoto, eles já estavam lá capturados na garrafa de plástico, por que eu prenderia o homem e ainda soltaria a comida dele e da família? Foram as decisões que eu tomei: pra sobreviver à África, eu precisava seguir a minha própria ordem ou então não valeria a pena, pois eu me tornaria mais infeliz do que todos eles.

* * *

Veio a primeira viagem de volta ao Brasil e não foi boa porque eu estava brigado com a minha filha mais nova e achei tudo uma bosta. Matei a saudade da família, mas faltou um pedaço. Avisei que conseguiria mais dinheiro vendendo pizza no meu tempo livre em Moçambique. Comprei muita muçarela e calabresa e levei na mala. Em vez de fazer um curso de inglês e voltar fluente como meus companheiros, usei o tempo extra fazendo pizzas. Vendia que nem água porque a pizza de lá era incomível até pra mim.

O tempo passava cada vez mais rápido. A minha rotina de correr na Estrada Zâmbia com meu amigo moçambicano Martin, o Alemão, e assistir ao nascer e ao pôr do sol todos os dias me mantinha são. Eu era muito zoado porque falava sempre do sol. Ele me impressionava. Era uma bola vermelha, imensa e impiedosa, que levantava diariamente pra recarregar minhas energias e manchar a pele de tanto calor. É verdade que não conheço muitos lugares, mas duvido que, em algum outro país, o sol seja tão bonito.

Certo dia, recebi uma notícia ruim: meu parceiro foi transferido porque a mulher dele passou a fazer hemodiálise e precisava de um lugar próximo à clínica. Comecei a trabalhar com outro moçambicano, o Chachoca. O cara era muito bom, um jovem cheio de vontade de aprender e trabalhar. Recebi a missão de frustrar um roubo planejado pra noite seguinte. Segundo as informações, um grupo iria até o terminal dos trens de carvão pra roubar o combustível da locomotiva. Como seria algo grande, teria que me dedicar.

Planejei uma operação noturna pra emboscada. Meu novo parceiro ficou apavorado, mas se sentiu privilegiado de ganhar a minha confiança. Afinal, só eu, ele, meu chefe e um pequeno grupo de apoio sabíamos da operação. Às 16h do dia seguinte, nós dois fomos deixados num ponto da estrada e começamos a caminhada. Chegamos ao Ponto de Reunião Próximo ao Objetivo, o famoso PRPO, no meio da mata, e ali ficamos.

Quando escureceu, iniciamos o deslocamento até o local da ação. Escolhemos a pedra que jogaríamos ladeira abaixo pra bloquear a estrada e, na sequência, abordaríamos os criminosos. Fugimos de alguns vigilantes porque ninguém foi avisado da missão. Ficamos ali deitados conversando, mas ninguém apareceu. Não sei se a informação vazou ou se estava errada, mas foi divertido e o meu parceiro ficou orgulhoso, a ponto de contar que participou de uma operação de Comandos de verdade. Chachoca teve seu batismo de fogo.

Os dois anos que me propus a trabalhar em Tite estavam terminando, e tudo acontecia como deveria. Era mais um dia normal de trabalho, quando chegou a informação de que dois vigilantes foram atacados. Durante todo o tempo em que estive lá, houve ataques com porrada e facão, mas nunca nada grave. Só que desta vez foi diferente. Quando cheguei ao local, vi um dos vigilantes desacordado, em cima de umas madeiras, e o outro agonizando. Os dois cobertos de sangue.

Corri até o que não se mexia e coloquei a lanterna nos olhos dele. As pupilas não reagiram, estava morto, mas não desisti: fiz reanimação cardiopulmonar até a equipe médica chegar. Foram uns 15 minutos. O médico continuou, mas não teve jeito. O que sobreviveu contou no hospital que eles dormiram e os ladrões os espancaram. Foi horrível. O vigilante que morreu tinha muitos filhos e era a única pessoa que sustentava a família.

Fiquei com aquilo na cabeça, tomei como pessoal. Na semana seguinte, fui pro campo, como de costume, com os vigilantes. A gente flagrou um bando que estava entrando pra roubar material do aterro sanitário. Eu não atacava porque era estrangeiro. Não podia tocar nos moçambicanos, só os vigilantes que eram de lá. Mas eu estava com sede, queria pegar um daqueles filhos da puta, e foi o que fiz. Quando o cara estava quase encostando em mim de tão perto que ele passou, voei nele e saímos na porrada. Por fim, eu estava dando um mata-leão, e os vigilantes gritando pra eu soltar.

— O *boss* pegou! Solta, *boss*! Solta!

Eles vibraram porque eu não podia andar armado, então foi na mão mesmo. Ninguém me entregou.

Até que chegou a hora de eu voltar definitivamente. Durante o tempo que passei em Moçambique, integrantes da segurança empresarial foram embora, e tinha sempre uma despedida com aquele sentimento um pouco chato. Na minha vez, porém, foi diferente, pelo menos entre os vigilantes. Eles choravam e me pediam pra ficar, diziam que precisavam de mim. Eu nunca tinha visto aquilo.

O fato é que eu me envolvi não só com eles, mas com as famílias. Ia para as festas de aniversário, fazia visita no hospital, almoçava com eles, surpreendia a equipe no meio da savana pra zoar os caras... Sentia-me privilegiado ao lado de cada um deles. Isso me faria falta, eu sabia. Só que era hora de voltar. Foi difícil, mas entrei no avião.

* * *

Mais uma missão cumprida. Minha família me recebeu com alegria. Minha filha caçula já tinha me pedido desculpas da melhor forma possível: abrindo a porta e pulando no meu colo. Aquele, sim, é o melhor lugar do mundo, dentro do abraço dos filhos. Valeu muito e todos sabiam. Consegui ajudar meu irmão, que sofre de paralisia cerebral, a construir sua casa. Ele depende de nós pra se manter.

A nossa casa estava terminada e confortável, meu empréstimo foi quitado e ainda realizei o sonho de poder pagar uma viagem internacional pros meus três filhos: Ana, Carol e Victor. Sair de Padre Miguel pra Paris não era pra qualquer um, mas eu precisava oferecer isso a elas. A Austrália também fez muito bem à formação do Victor.

As manchas do sol na pele, o suor, as comidas compradas já estragadas no mercado pela falta de ar-condicionado, o isolamento, o preparo e a entrega das pizzas nas horas vagas, as madrugadas no meio do mato pra surpreender ladrões e a saudade imensa dos meus filhos valeram a pena. Agora, a sensação natural de aproximação da morte me incomoda bem menos, porque eu sei que fiz tudo o que poderia e não fiquei devendo.

POSFÁCIO

Eu queria uma missão, e cumpri tantas que de algumas até me esqueço. Já tive tesão por elas, mas também senti raiva, incômodo e angústia. Este sou eu: um homem que, algumas vezes, prometeu a si mesmo que um dia pararia. A aposentadoria chegou e ceifou de forma brutal qualquer ordem a receber. Não posso mais me planejar ou discutir um objetivo pra melhorar a vida de algumas centenas de pessoas. Simplesmente não terei mais isso, a minha razão de estar na vida. Dizem que mereço descansar, mas não quero. Uma vontade que é simples e complexa ao mesmo tempo.

Quero outra missão e agora tenho que inventar uma. Gosto demais de caça submarina, assunto que domino e que me desafia. Combinei com um amigo e um conhecido de ir pescar no dia 8 de março de 2018. Chegamos a Ibicuí e o Mozart, amizade conquistada há anos, começou a preparar o bote de alumínio. O conhecido, que apelidei de Help, nos ajudava. Estávamos quase prontos, faltava só checar o material: bolsas, armas de mergulho, comida, água, motor de popa e GPS. Marquei as coordenadas e o motor estava vivo, no mar, sentido sudoeste em direção à Ilha de Palmas, na Baía da Ilha Grande, sul do Rio de Janeiro.

Foram 15 quilômetros navegando como planejado, mas de repente as ondulações se intensificaram e o vento sudoeste apresentou suas rajadas. Faltavam seis quilômetros pra chegarmos, o Help estava apreensivo, mas eu e o Mozart, que conhecia bem a região, continuamos sem esboçar angústia. Chegamos à ilha, e as horas seguintes, eu sabia, seriam entre mim e o mar.

Quando mergulho, me afasto do mundo e entro em outro, e neste lugar há silêncio, paz, perigo, espaço pra vida e também pra morte. Chego perto das lembranças e, ao mesmo tempo, do esquecimento. A vida submersa nos oferece tudo o que quisermos. A caça em si é só uma parte. Passar horas no mar é como deixar de existir e, algumas vezes, preciso desse descanso.

Capturamos muitos polvos, o que era incomum pra época, e pegamos tantos peixes que definimos aquele dia como a oportunidade de recuperar o prejuízo daquele ano tão escasso. Com sol, o cenário é ainda mais paradisíaco. Foi ótimo. A gente comeu, descansou, caçou e também conversou. Uma oportunidade de revigorar corpo e alma.

Passava das quatro da tarde quando deixamos a Ilha de Palmas. Seguimos pela zona de embate, que é uma área abrigada por encostas da Ilha Grande. Foram três quilômetros na chuva, que aumentava de volume conforme avançávamos. Decidi pegar o GPS. Quando abri o estojo, vi que a impermeabilização havia falhado. Sem GPS, fui pra segunda opção, a bússola, mas, por uma ironia do destino, não estava lá. Era o único instrumento que podia nos ajudar.

O Help começou a demonstrar nervosismo. Eu e o Mozart continuamos com o tom de voz calmo pra não contribuir pra uma situação indesejável; afinal, durante o caos, a calma é imprescindível. A tempestade chegou e me lembrei da canção dos Comandos: "Quando a chuva for intensa e a escuridão imensa, é a hora ideal", enquanto as gotas tocavam meu rosto. O Help gritava e, em vez de tentar acalmá-lo, preferimos investir nossa energia em tentar permanecer com o bote flutuando.

O campo de visão diminuiu demais, parecia a selva claustrofóbica e cruel por natureza. De repente, a menos de cem metros, se materializou a rochosa Ilha de Pau a Pino. Conseguimos passar por ela sem colidir, tudo muito rápido. Estávamos indo pra direção errada, pra leste, quando deveríamos ir pro norte. Sem a possibilidade de visualizar os pontos de referência, perdemos a chance de usar o conhecimento do Mozart da região. Só um milagre evitaria o naufrágio.

O motor falhava de forma recorrente. O bote sacudia. Eu tentava sem parar fazer o GPS funcionar. O Mozart olhava pra todos os lados em busca de uma definição, e o Help trazia pra dentro da embarcação o desespero. Não podíamos mais conversar por conta do barulho da água se chocando contra o alumínio da embarcação. Levei minha mão ao ombro do Help algumas vezes para que o descontrole dele não comprometesse ainda mais a nossa segurança. Por algum motivo, não sei bem explicar, eu estava calmo. Pensei em como era interessante a chuva. Acho que é a forma que Deus encontra de nos tocar quando sente saudades dos filhos.

Já era noite e o mar crescia. Notamos que as ondas agora vinham de outra direção, o que significava que havíamos virado pro lado oposto do nosso objetivo. Estávamos em mar aberto, sem controle. Éramos só nós e o oceano, outra vez forçados a aceitar um convite inesperado.

O Mozart apontou uma luz âmbar. Estávamos com pouco combustível, um motor débil e um homem transtornado, por isso decidimos apostar na luz. Eu sabia que, no pior cenário, havia comida e material suficiente no meu kit de emergência pra nos manter vivos. Tudo que teríamos que fazer era boiar durante a madrugada até amanhecer pra enxergar com clareza e nadarmos rumo a algum pedaço de terra.

Conforme o mar permitia, íamos em direção à luz e, finalmente, percebemos que não vinha de terra, mas sim de um navio de 230 metros de comprimento e mais de 30 metros de altura. Ficamos ainda menores, porém aliviados. Em meio à tempestade, comecei a emitir o sinal de SOS com a lanterna de mergulho de forma insistente.

Quando conseguimos nos aproximar, pedimos o embarque, que não foi autorizado. Eles jogaram um cabo a boreste do navio pra que a gente amarrasse o bote e nada mais. Só que as ondas nos levavam até o meio do casco do navio e o alumínio arrastava nele. Eu e o Mozart tentávamos com os remos afastar as duas embarcações pra evitar o choque.

Enquanto isso, o Help gritava agarrado na corda. O cabo não resistiu e acabou partindo. Fomos levados pela corrente de maré. O Mozart tentou ligar o motor, que, por sorte, ainda tinha algum combustível. Retornamos pra boreste do cargueiro. A tripulação lançou um cabo mais grosso e amarramos novamente o bote. O Mozart pediu que o Help saísse de cima da sua bolsa de mergulho, mas ele não respondia nem se mexia. Assim ficou até que uma onda nos venceu e afundou o bote.

Estávamos submersos e minha preocupação era me desvencilhar dos cabos e de qualquer outro material que pudesse me levar pro fundo, inclusive a própria embarcação. Subi até a superfície, recuperei o ar e segui flutuando, obedecendo o que as ondas e a corrente de maré determinavam, mas o que elas não controlavam era o meu conhecimento. Estava abraçado com o meu fardo de abandono, a bolsa de mergulho com comida, água e outros materiais que sempre levo pra sobreviver pelo menos por cinco dias à deriva. Além disso, ainda consegui recuperar as armas de mergulho dos dois.

Enquanto me esforçava para não me separar do material, o Mozart e o Help já tinham abandonado tudo para subir pela escada lançada pela tripulação do navio. Era o último dia da lua cheia, e a corrente de maré ainda estava muito forte, me afastando rapidamente da embarcação e dos gritos do Help:

— Larga a bolsa, Marco! Larga tudo! Não vale a pena!

Eu nem respondia. Apesar de tudo, eu tinha o controle da situação de forma macro, porque uma hora a tempestade e essa revolta do mar passariam, e uma coisa certa é que eu sobreviveria. Pra isso, precisava da bolsa. Aquele navio, que eu nem sabia de onde era, poderia nos abandonar. Minha confiança não pertencia àquelas pessoas, e sim ao meu treinamento.

Abraçado com o material, fui sendo levado e, quando olhei, já estava na popa do navio gigante. Os flashes dos raios revelaram o nome da embarcação: *Nord Sun*. Tinha obrigação de guardar esse nome porque, caso fosse arrastado pra longe, eu teria que avisar o local em que o Mozart e o Help estavam. Repetia o nome na cabeça enquanto começava o procedimento de colocar as nadadeiras, meus motores pra vencer a correnteza. Com cuidado pra não perder nada entre o fundo do mar e a superfície, abria e fechava a bolsa calçando com cuidado as nadadeiras.

Eu estava a cerca de 300 metros afastado do navio, a correnteza era forte. Ainda assim, sabia que poderia voltar. As nadadeiras já estavam nos pés e a bolsa, com tudo dentro dela. Era a hora do enfrentamento. Com pernadas, desafiava a correnteza, a chuva, as ondas e nadava em direção ao gigante.

Depois de muito esforço, passei novamente pela popa e cheguei a boreste do navio, iluminado na altura onde jogaram a corda. Comecei a ouvir a gritaria de comemoração quando o Mozart, o Help e a tripulação conseguiram me enxergar. Agarrei a corda e ouvi os berros do Mozart:

— Larga a bolsa porque eles não vão deixar subir com ela! Larga e sobe!

Falei sério:

— Ou subo com o meu material ou volto pro mar.

A negociação levou um tempo que eu já não tinha. Estava exausto não só por ter nadado como um condenado contra a correnteza, mas também pela violência com que as ondas me jogavam contra o casco do navio. O Mozart conseguiu convencê-los sob a condição de revistarem antes o material. Concordei e amarrei a bolsa na nova corda que eles jogaram, não sem antes cortar a boia deles com a faca pra poder fazer a amarração do jeito certo. Eles ficaram putos, mas foda-se.

A revista aconteceu e eu fui autorizado a subir. Estava exausto e prestes a ganhar consciência do meu cansaço. Tirei as nadadeiras, guardei-as dentro da roupa de mergulho e subi pela escada de corda. Faltando um terço da escada pra subir, travei:

— Mozart, chama os marujos porque não consigo mais!

— Tenta mais um pouco!

Dei mais dois passos e me agarrei na corda. O corpo não obedecia:

— Mozart, não consigo. Se não puxar, vou me jogar.

Parte da tripulação, mais o Mozart e o Help começaram a puxar. Quando cheguei à borda do navio, me joguei de qualquer jeito. Recuperei o fôlego, a gente comemorou e descansou. Em seguida, eles nos deram roupas secas e comida. A conversa era quase impossível. O navio, de Cingapura, só tinha filipinos a bordo e um capitão que falava inglês muito mal. Com esforço, conseguimos entender que eles tinham avisado à Marinha do Brasil e que nos resgatariam às oito da manhã do dia seguinte. Eles nos ofereceram como alojamento a academia do navio. Mal conseguimos dormir. A adrenalina não nos abandonaria tão cedo.

Hoje, penso no que aconteceu. Não fico nervoso nem puto e muito menos surpreso. Chego à conclusão de que é assim que eu gosto de me sentir:

como um soldado em uma missão que consegue manter a calma; um soldado que busca a perfeição na guerra, um Comandos. Esse sou eu. Posso andar pelas ruas como uma pessoa comum, posso me divertir em churrascos e festas, posso escolher um vinho num restaurante, posso conversar sobre arte, livros e fazer piadas do cotidiano, mas o lugar em que sou eu mesmo é no caos. Nem que seja pra morrer e estar ao lado daqueles que mandei pro inferno, pra continuar a atormentá-los. É o meu rosto que eles verão pela eternidade, porque o mal não descansa. Então, também não descansarei. Escolha seu veneno e dele se alimentará.

Prazer, sou Marco Antonio de Souza, mas pode me chamar pelo meu verdadeiro nome: Assombroso.

GLOSSÁRIO DE ARMAS

1. Metralhadora MAG: FN MAG (Mitrailleuse d'Appui Général), metralhadora de uso geral, operada a gás, calibre 7,62 x 51mm da OTAN, desenvolvida e originalmente fabricada pela empresa belga FN Herstal.
2. Fuzil ParaFAL: M964A1, fuzil automático de assalto, operado a gás, calibre 7,62 x 51mm da OTAN. É uma versão adaptada do fuzil M964 (FAL) com coronha rebatível, desenvolvida e fabricada pela estatal brasileira IMBEL (Indústria de Material Bélico do Brasil).
3. Carabina Rossi: carabina de ar comprimido, modelo Dione, calibre 4.5mm, desenvolvida e originalmente fabricada pela empresa brasileira Rossi.
4. Fuzil MQ M968: MQ M968 Mosque FAL, ou Mosquetão, é um fuzil de ação por ferrolho, calibre 7,62 x 51mm da OTAN, utilizado pelo Exército Brasileiro em unidades de Tiro de Guerra e/ou instruções e exercícios militares.
5. Mosque Fal: mesmo que Fuzil MQ M968 (item 4).
6. FAP (Fuzil Automático Pesado): FN FAL 50.4, fuzil FAL-metralhadora de cano pesado, operado a gás, calibre 7,62 x 51mm da OTAN, desenvolvido e originalmente fabricado pela empresa belga FN Herstal.
7. Canhão 57: M18 57mm, canhão antitanque sem recuo, de tiro único e de carregamento pela culatra. Pode ser disparado tanto apoiado pelo ombro do combatente como na posição de bruços.

8. Morteiro 81: Morteiro 81mm Royal Ordnance, morteiro médio antecarga.
9. Metralhadora .50: Browning M2, metralhadora pesada, operada a gás, calibre .50 12,7 x 99mm BMG, desenvolvida e originalmente fabricada pelo armeiro, projetista e inventor norte-americano John Browning.
10. Morteiro 60mm: Morteiro Mrt60mm; morteiro leve antecarga.
11. Submetralhadora UZI, ou Mini-UZI: submetralhadora operada a gás, calibre 9mm, desenvolvida e originalmente fabricada pela empresa israelense IWI.
12. Fuzil PSG-1 ("*Präzisionsscharfschützengewehr*"): fuzil de precisão, calibre 7,62 x 51mm da OTAN, operado a gás, desenvolvido e fabricado originalmente pela empresa alemã Heckler & Koch.
13. Fuzil M16: fuzil automático de assalto Colt M16, calibre 5,56 x 45mm da OTAN, operado a gás, desenvolvido e fabricado originalmente pela empresa norte-americana Colt.
14. Submetralhadora HK MP-5 SD: submetralhadora, operada a gás, calibre 9mm, com supressor de ruído integrado, fabricada originalmente pela empresa alemã Heckler & Koch.
15. Fuzil M4: fuzil automático de assalto (variante mais curta e leve do fuzil M16A2), operado a gás, calibre 5,56 x 45mm da OTAN, compatível à montagem de lançadores de granadas M203 e M320.
16. Fuzil caçador M24: M24 Sniper Weapon System (SWS), fuzil de precisão por ação de ferrolho, versão militar e policial do fuzil Remington 700. É composto por mira telescópica removível e outros acessórios. Fabricado originalmente pela empresa norte-americana Remington Arms.
17. Luneta OIP: *Optique et Instruments de Précision* (OIP) 3.6x (década de 1960), luneta original dos fuzis belgas FAL e ParaFAL, ambos fabricados originalmente pela empresa belga FN Herstal.
18. Lança-rojão 84 mm, armamento anticarro, sem recuo, portátil, de emprego coletivo. Dispara uma ogiva HEAT (*High Explosive Anti Tank* ou alto explosivo antitanque) de ação química destinada a perfurar a couraça de carros blindados, com carga moldada, espoleta piezoelétrica e poder de penetração em aço = 420 mm.

19. Barrett .50: Barrett M82, fuzil de precisão antimaterial semiautomático, operado a gás, calibre .50 BMG, fabricado pela empresa norte-americana Barrett Firearms Manufacturing.
20. Fuzil Antimaterial Barret M82 calibre .50: o mesmo que Barrett .50 (item 19).
21. M-60: metralhadora de uso geral, operada a gás, calibre 7,62 x 51mm da OTAN, alimentada por fita/cinturão de munição.
22. Lança-granada 40mm: SB-40 LAG, lançador de granadas semiautomático, calibre 40 mm, fabricado originalmente pela empresa espanhola Nacional Santa Bárbara.
23. Fuzil AK-47: fuzil automático de assalto AK-47, operado a gás, calibre 7,62 x 49mm, fabricado originalmente pela então União Soviética, projetado pelo armeiro e inventor russo Mikhail Kalashnikov.
24. Granada 40mm: o calibre 40mm é um tamanho muito específico de munição utilizado em lançadores de granada e canhões antiaéreos. O "40mm" se refere ao diâmetro interno do cano da arma e, portanto, o diâmetro do projétil que dispara.
25. Luneta ACOG: *Advanced Combat Optical Gunsight* (ACOG) é uma série de miras telescópicas prismáticas fabricadas pela empresa norte-americana Trijicon. A ACOG é ideal para combate a meia distância e foi originalmente projetada para ser usada nos fuzis M16 e M4.
26. Fuzil M14: fuzil de batalha M14 de ação por ferrolho, calibre 7,62 x 51mm da OTAN. Tornou-se o fuzil padrão para as forças armadas dos EUA em 1957, substituindo o fuzil M1 Garand, que reinou absoluto em serviço no Exército Americano na Segunda Guerra Mundial. Por sua vez, o M14 foi substituído pelo M16 (item 13).
27. Pistola 9mm: Pistola IMBEL 9 GC MD1, pistola semiautomática fabricada pela empresa brasileira IMBEL, que se inspirou na consagrada plataforma Colt 1911 (que usa o cartucho .45 ACP) e a adaptou para o calibre 9mm Parabellum.

AGRADECIMENTOS

Agradeço a Deus por ter me ouvido nas inúmeras vezes que Lhe importunei pedindo reforço na coragem, na força e na fé.

À minha mãe, cujo amor, exemplo e dedicação à família possibilitaram-nos viver em um ambiente bem-cuidado, harmonioso e feliz em meio a boas práticas.

Ao meu pai, um gigante, que só se aposentou quando o último dos nove filhos partiu de casa. Com quem eu dei meus primeiros passos na preparação física e no tiro de precisão, e que, com sua história pessoal de injustiça quando recruta na Brigada Paraquedista, conseguiu me motivar a partir em busca não somente das asas de prata do Paraquedista Militar do Exército Brasileiro, mas também da caveira dos Comandos.

À minha amada esposa, Sônia, por sua valiosa ajuda na criação dos nossos filhos, por ter cuidado da "retaguarda" nas inúmeras vezes em que a missão me chamou e por sua contribuição diuturna na minha luta para me tornar, a cada dia, uma pessoa melhor.

Aos meus amados filhos, Ana, Carolina e Victor, por serem os responsáveis pelos meus melhores sentimentos e impulsos.

À minha amada neta Olívia, que me trouxe uma parte a mais de felicidade.

Ao meu irmão Júlio e à minha cunhada, Aline, que foram além do incentivo para a criação desta obra, encontrando as pessoas certas pra escrevê-la.

Ao Coronel Barroso Magno, o Kid Bleu, referência de oficial, de operador de forças especiais e de comandante. Se todos voltamos vivos do Haiti, em 2007, isso se deve, primeiro, a Deus, e, segundo, à coragem, à capacidade e à liderança do Kid Bleu ao nos empregar contra uma legião de facínoras.

Ao Coronel Criscuoli, atirador mais completo que conheci, com quem aprendi novos fundamentos e lapidei os antigos. Quem me fez compreender a importância do treinamento mental no tiro de precisão.

Ao eterno Major André Luiz, o Bodão, exemplo de operador de forças especiais, de coragem e de liderança, principalmente quando subcomandante do Dopaz 6 e comandante do Dopaz 12. Obrigado por ter me confiado grandes missões.

Ao Major Salóes, ex-coordenador do Estágio de Caçador de Operações Especiais (ECOE), cuja capacidade e profissionalismo vêm se destacando no âmbito do Exército Brasileiro. Agradeço-o, especialmente, pelo senso de justiça na condução da pesquisa histórica que resultou em me categorizar como primeiro Caçador de Operações Especiais do Brasil.

Ao Subtenente Côrtes, por ter me inspirado a buscar a excelência em tudo e pela paciência ante minhas dúvidas diárias sobre armamento, munição e balística. Sobretudo numa época na qual eu não dispunha de outros meios de pesquisa.

Ao Sargento Macedo, o Velho, por ter sido um "canga" de verdade em dois momentos difíceis da minha vida.

Ao Waldecir e ao Rocha, meus "cangas" do Curso de Ações de Comandos (1984). Boa parte dessa história jamais seria tão precisa sem a incrível memória de vocês.

Aos comandantes, oficiais, subtenentes, sargentos, cabos, soldados e civis com quem trabalhei nas Forças Especiais por longos e satisfatórios trinta anos. À Priscila e ao Bragança por terem aberto a porta da casa 87 para aquele então desconhecido "canga do Bodão" nos seus primeiros dias em Tete, Moçambique.

Ao Monsenhor Jean Kaleta, cujo exemplo de fidelidade ao Evangelho de Cristo foi essencial na minha conversão à Igreja.

À Dra. Maria da Conceição e ao Dr. Capitão Sant'ana e equipe, da hemodinâmica do Hospital Central do Exército, por terem salvado a minha vida no dia 12 de outubro de 2019. "Faca na caveira… e molinha na artéria!"

Por fim, agradeço a Nathalia Alvitos e a André Moragas, por terem aceitado a missão de escrever a minha história, a qual cumpriram com dedicação, perícia e talento incríveis. O que seria da história de um velho soldado se mal contada?! Obrigado, tropa!

Marco Antônio (Assombroso)

Impressão e Acabamento:
GRÁFICA GRAFILAR